세탁비는 이야기로 받습니다, 산복빨래방

글 김준용, 이상배

남해의봄날

일러두기

이 책은 산복빨래방 프로젝트를 진행한 김준용, 이상배 기자가 함께 썼습니다.

화자가 바뀔 때마다 제목 아래에 이름을 표기해 두었습니다.

차례

1부 어쩌다 빨래방 사장이 되어 버렸다

쌓이는 빨랫감만큼 이야기도 차곡차곡

2부

빨래방에서 기자로 살아남기
3부

마을의 하나뿐인 이상한 빨래방

김준용

2022년 5월, 작은 빨래방을 차렸다. 같은 신문사에서 일하는 후배 기자와 두 명의 피디와 함께였다. '투잡' 아니냐고? 아니, 우리의 본캐는 여전히 '기자'와 '피디'다. 하지만 우리는 매일같이 빨래방으로 출근해 하루 종일 빨래를 했다. 이 정도면 빨래방 사장이 본업 아닌가 헷갈릴 정도다.

이 요상한 빨래방의 실상은 부산일보 '산복빨래방 프로젝트'다. 우리는 지도 속에 빨래방이라고는 찾아볼 수 없는 부산 산복도로 한 마을에 빨래방을 차렸다. 산복도로 유일한 빨래방이란 의미에서 '산복빨래방'이라고 이름 지었다.

산복빨래방은 6평 남짓한 작은 규모지만 일하는 사람만 무려 네 명이다. 프로젝트 팀장인 내가 사장 역할이라면, 특유의 너스레로 빨래방 영업을 도맡은 영업이사 이상배 기자, 궂은일도 마다하지 않는 든든한 이재화 피디, 빨래방 공간에 섬세함과 의미를 더하는 디테일 담당 김보경 피디가 함께한다. 부지런히 빨래를 하지만 네 명의 손길로는 부족할 만큼 할 일이 많다. 이 작은 공간에 빨랫감도, 사람도 붐비는 까닭은 특별한 운영 방식 때문이다.

산복빨래방은 무료로 빨래를 해드린다. 손님이 빠르게 순환할수록 좋은 여느 가게와 달리 한 명의 손님이 빨래방에 오래오래 머물러 주기를 바란다. 무료에 손님 순환도 안 되는 빨래방이라니, 동네 어머님들도 젊은 청년들이 저러다 굶어죽진 않을까 걱정이 태산이다.

"총각들 돈은 누가 주노?"

"빨래방을 공짜로 하면 뭘 먹고 사노?"

회사에서 월급을 받는다 말씀드려도 어머님들의 걱정은 조금도 줄지 않는 것 같다.

"대신 재밌는 이야기 해 주시잖아요."

"자주 와서 수다만 떨고 가면 젊은 사람들 귀찮고 힘들기만 한 거 아녀?"

"에이, 공짜가 아니라 세탁비로 이야기를 들려주시는 거라니까요."

그렇다. 세탁비 대신 이야기를 받는다. 빨래가 마르기를 기다리는 동안 어머님과 나란히 앉아 이런저런 삶의 이야기를 나누고, 글과 영상으로 기록해 세상에 전한다. 값어치를 매길 수 없는 소중한 이야기를 찾아 산복빨래방은 영업을 시작했다. 짧다면 짧고 길다면 긴 시간, 우리가 경험하고 배운 행복과 감동의 순간을 전한다.

어쩌다 빨래방 사장이 되어 버렸다

1부

이놈들 언제 한번 일낼 줄 알았다

김준용

"부장님 드릴 말씀이 있는데요."

의아한 기색의 부장님을 회사 한편에 자리한 회의실로 모시고, 태블릿 PC와 미리 출력해 둔 기획안을 건넸다. 사뭇 비장한 태도에 부장님도 덩달아 '이놈들이 대체 뭔 이야기를 하려고 이러나' 공기가 긴장으로 바싹 달아올랐다.

"저희가 산복도로에 빨래방을 만들려고요."

"빨래방에 취재를 가는 거야?"

"아뇨, 회사 돈 써서 빨래방을 짓고 꾸미고 세탁기도 사고 하려고요."

"허허. 회사가 돈을 준다나."

"우리 회사 통 크다 아입니까."

잠깐의 침묵. 자료를 넘기던 부장님은 한마디를 던졌다.

"산복빨래방?"

한숨을 '후우' 내쉬고 고민 가득한 얼굴로 부장님은 한마디를 더했다.

"이거 하려면 돈은 얼마 필요한데?"

"못해도 한 2000만 원 들지 싶습니다."

"한번 고민을 해 보자."

때는 2022년 1월, 새롭게 만들어진 디지털미디어부 2030팀 팀장이 된 지 3개월이 지났을 무렵이었다. 신문사지만 2030팀의 핵심은 영상 콘텐츠를 만드는 일이었다. 새 시대, 새 바람을 선도하려면 역시, 영상이 중요한 것 아니겠는가. 그렇게 3개월 동안 한 일은 '영상 보기', '재밌는 글 읽기'였다. 출근해서 퇴근할 때까지 온종일 유튜브와 세상에 쏟아져 나온 '트렌디'하다는 기사를 보는 게 일이었다. '요즘 사람들은 어떤 걸 찾아볼까?', '젊은 사람들은 뭘 좋아하지?' 고뇌의 나날이었다.

내가 재밌게 만들 수 있고, 거기에 의미까지 더해지면 더할 나위 없을 테다. 하지만 안타깝게도 세상이 재밌다고, 훌륭하다고 생각하는 콘텐츠들은 우리와 거리가 멀었다. 너무 재미 위주라서 격이 떨어지거나 재미를 좇지 않는 건 너무 고퀄리티의 작품이어서 피디 두 명, 기자 두 명인 팀에서 구현하기엔 현실적인 장벽이 너무 높았다. 기자들이 출연하는 프로그램을 만들더라도 다른 유튜버만큼 재밌을 것 같지도 않고, 우리가 어떤 콘텐츠를 했을 때 돌아올 답은 '언론사가 그걸 왜 해?'라는 냉소적인 답뿐일 것 같았다. '우리가 잘할 수 있는 게 뭘까?' 시간만 흐르고 있었다.

3개월이 지날 때까지 우리 팀은 회사에 뭘 한다고 이야기를 하지 않았다. 감사하게도 부장님은 우리를 닦달하거나 독촉하지 않았다. 그 미묘한 침묵을 깨는 우리의 면담 요청을 부장님은 내심 기다렸을 수도 있다.

다음 날 아침, 사무실 앞자리를 지나가던 편집국장님이 우리를 보며 씩 웃으며 말했다.

"이놈들 언제 뭐 하나 일내나 싶더니만 진짜 뭐 하나 했네. 부장한테 이야기를 들으니까 내가 기분이 좋더라."

우리가 부장님께 드린 기획안을 편집국장님도 읽었는지, 어떤 보고를 받았는지는 알 수 없었다. 그러나 '기분이 좋다'라는 말은 빨래방을 해 봐도 좋다는 긍정의 말로 들렸다.

물론 이걸로 결정이 난 것은 아니었다. 최종 승낙을 얻기 위해서는 부장님을 넘고 편집국장님을 넘어 사장님의 허가를 얻어야 한다. 회사 돈이 한두 푼도 아니고 2000만 원이나 들어가는 문제였다. 한 번도 시도해 본 적이 없는 사장님의 허가까지 받아야 하는 터라 좀처럼 심장이 두방망이질 치는 것을 막을 방도가 없었다.

다행히 그냥 산복도로를 취재하겠다가 아니라 '남들이 안 해 본 새로운 기획이어서 좋다'는 구체적인 피드백을 받으며 첫 번째 관문인 부장님과 편집국장님의 지지는 확보했다.

'새로운 것'. 언론사는 새로운 것을 참 좋아한다. 기사도 남들이 모르는 내용을 쓸 때 좋은 기사라는 평가를 받고 남들과 조금 다른 시각에서 사안을 바라볼 때 긍정적인 평가를 받는다. 새로운 것은 늘 언론사의 가장 큰 논리이자 문법이다. 남들이 안 하는 새로운 것! 남들이 모르는 것! 이 두 가지 대전제에서 산복빨래방은 무사히 첫걸음을 뗄 수 있었다.

하지만 아무도 돈 이야기를 하지 않았다. 우회적으로 '우리 회사 돈을 쓰지 않는 방법은 없나'라는 조언을 가장한 압력이 은근히 들어왔다. 취지가 좋으니 부산의 기업들과 함께 빨래방을 열어 보면 어떻겠냐, 크라우드 펀딩을 받아 보면 어떻겠냐, 부산시나 지역 구청에 사업 제안을 해 보는 것도 좋겠다 같은 말이 쏟아졌다.

모두 다 예상했던 바였다. 2차 작전을 개시할 타이밍이었다. 작전명 '서동요'. 말을 계속하고 다니면 실제로 이뤄진다는 서동요 일화를 딴 이 작전의 방법은 간단했다.

점심, 저녁으로 만나는 회사 선배들에게 산복빨래방을 소개했다. 만나는 사람마다 내일 당장이라도 빨래방이 만들어질 것처럼 설레발을 떨었다. 소문이 빠른 언론사의 특성상 몇몇의 선·후배들을 만나니 어느덧 회사 내에서 우리가 빨래방을 만드는 것이 기정사실화됐다.

회사에서 예산이 나오면 바로 빨래방을 차릴 수 있도록 미리 부지도 찾고 세탁기 사양도 찾았다. 회사에서 예산을 주지 않을 때를 대비한 '플랜B'는 없었다. 꼭 하고 싶었다.

"김 팀장, 잠시 나 좀 보자."

두근두근, 기다리던 부장님의 호출!

"함 계획했던 대로 잘 해 봐라."

빨래방을 하겠다고 보고한 지 2주 만에 2000만 원이 우리에게 주어졌다. 그 누구도 돈 들였는데 망하면 안 된다, 회사 돈이니 꼼꼼히 써야 한다고 '신신당부'하지 않았다.

왜 산복빨래방인가?

이상배

부산에는 산허리를 따라 키 낮은 콘크리트 집이 오밀조밀 모인 동네가 많다. 1950년대 한국전쟁 이후 산등성이를 따라 집이 지어지고 마을이 됐다. 구불구불한 도시의 산줄기를 따라 산복도로는 강처럼 마을과 마을 사이를 굽이굽이 흐른다. 덕분에 마을 안팎을 오가는 건 어렵지 않다. 하지만 도로에서 한 발짝만 동네 안으로 들어오면 사정은 다르다. 마을을 다니는 버스 노선은 한 손에 꼽히고, 수도꼭지를 틀면 종종 녹물이 나온다. 수도관, 전기 등 생활 기반 시설은 오랫동안 세월을 마주한 흔적을 담고 있다.

산복도로는 '산허리를 지나는 도로'를 뜻한다. 산을 둘러 가는 도로는 모두 산복도로라고 볼 수 있다. 창원(마산)과 진주, 통영 등 산이 많은 우리나라 지역 곳곳에는 저마다의 산복도로가 하나씩 있다. 하지만 부산의 산복도로는 특별하다. 보통 '부산' 하면 광안리나 해운대, 요즘 뜨는 기장과 같은 바다와 항구, 해수욕장을 떠올린다. 하지만 부산은 지명에서 알 수 있듯 원래 산의 도시다. 부산 서구, 동구, 영도구 등을 22킬로미터 길이의 산복도로가 잇는다. 어디서도 볼 수 없는 이 독특한 풍경이야말로 진짜 부산의 명물이라며 추켜세우는 이도 적지 않다.

산복도로를 흥미로운 시선으로 본 사례는 많다. 많은 언론이 르포 기사를 쓰기도, 앞으로의 방향을 제시하기도, 다큐멘터리를 찍기도 했다. 산복도로는 부산의 근현대사를 담고 있는 역사의 현장이고, 그 안에 무궁한 이야기가 담겨 있다. 그래서 우리 또한 숨은 이야기가 가득할 산복도로에 주목했다. 하지만 무작정 마을 주민에게 찾아가서 "안녕하세요, 어머님. 옛날에 산복도로가 어땠는지 얘기 좀 해 주세요"라고 묻는 방식으로는 진짜 이야기를 듣기 어렵다고 생각했다. 기자는 취재원과 '라포르rapport를 쌓는다'라는 표현을 자주 쓴다. 서로 친밀감을 느끼고 신뢰를 주는 사이가 된다는 뜻이다. 하지만 산복도로 주민과 우리 사이에 '라포르'는 형성돼 있지 않았다.

낯선 사람이 다가와 말을 걸면 누구나 주춤하기 마련이다. 오랫동안 산복도로에서 살아온 사람들 또한 낯선 외부인이 질문을 던지면 쉽게 입이 떨어지지 않는 게 당연하다. 게다가 정작 우리부터 제대로 산복도로를 알지 못한 채 질문할 확률도 높았다. 주민들의 생활을 제대로 본 적도 없고 책, 기사로만 이해한 우리의 질문이 '좋은 질문'일 리도 없다. 더군다나 우리가 듣고 싶은 진짜 이야기는 산복도로의 역사와 함께 굽이치며 다사다난했을 어머님, 아버님의 삶에 대한 이야기 아닌가. 우리는 '외부인'이라는 벽을 넘어서야 했다.

그런 생각으로 처음 내가 던진 아이템은 '산복도로에서 한 달 살기'였다. 주민의 삶에 녹아들기 위한 아이디어로 나온 것이었다. 오랫동안 머물며 주민에게 삼촌, 이모로 불릴 정도로 깊은 정을 쌓아야 진짜 이야기를 길어 올릴 수 있을 것이라 확신했다. 한 달 살기는 아이디어로 그쳤지만, '산복도로 주민들의 이야기를 들어 보자'라는 의견은 살아남았다. 그 전제 위에서 우리는 머리를 맞대고 여러 고민을 거듭했다.

그러다가 문득 준용 선배가 "빨래방을 해 보면 어떨까?"라고 말을 꺼냈을 때, 무엇인가 '번쩍' 하는 기분이 들었다.

바로 지도를 살펴봤다. 지도를 샅샅이 봐도 없는 게 있었다. 도심에는 발에 챌 정도로 많은 '코인 빨래방'이 산복도로에는 없었다. 만약 실제 운영 중인 빨래방이 있다면 생업에 피해가 가지 않도록 조심해야 할 테지만, 그걸 고려하지 않아도 됐다.

1인 가구가 늘어나며 원룸에 사는 사람이 많아지고, 바쁜 일상에서 집안일을 줄이기 위해 많은 사람들이 동전을 넣고 빨래를 돌리는 무인 코인 빨래방을 이용한다. 빨랫감을 세탁하고, 말리고, 다시 개는 과정은 남녀노소 불문하고 모두에게 힘든 일이다. 주민들 또한 빨래방을 환영할 게 분명했다.

산복도로 주민들의 빨래를 도와드리자. 깨끗한 이불을 덮고 하얀 옷을 입으실 수 있도록 하자. 구체적인 그림이 그려질수록 점점 마음이 굳혀졌다. 더군다나 빨래방은 필연적으로 빨랫감을 가져와서, 세탁하는 시간을 기다려야 하지 않는가. 보통 젊은 사람들은 빨래방 안에서 커피를 마시며 기다리거나 근처에서 시간을 때우곤 한다. 우리는 그 시간을 활용하기로 했다. 바로 기다리는 동안 수다를 떨며 주민들이 자연스레 이야기를 풀어놓을 수 있도록 하는 것이다. 한번 생각의 물꼬가 트이자 아이디어가 솟구쳤다. 그렇게 우리는 '산복도로에 빨래방을 만들자!'라고 결심했다.

근데… 누구, 빨래 할 줄 아는 사람?

이상배

산복빨래방 직원이 갖춰야 할 가장 큰 역량은 뭘까? 기자와 피디로 구성돼 있으니 기자는 기사를 잘 쓰고 피디는 영상을 잘 만드는 일이라고 생각할 수 있다. 틀렸다. 빨래방 직원은 빨래를 잘해야만 한다. 빨래는 세탁기가 하고 건조는 건조기가 하는데 무슨 역량이 필요한가 생각할 수도 있지만, 빨래는 생각보다 어렵다. 빨래방을 하기로 했지만 우리 네 명 중 제대로 빨래를 해 본 사람은 없었다. 고민이 덮쳐 왔다. 테이블에 둘러앉아 서로를 끔뻑끔뻑 바라보다가 누군가 말을 꺼냈다.

"빨래, 할 줄 아는 사람 있나요…?"

"…"

세탁기야 한 번쯤 돌려 봤겠지만 누구 하나 빨래 좀 해 봤다는 이가 없었다. 빨래 상식도 제로에 가까웠다. 색깔이 다른 옷을 구분해야 한다는 정도가 아는 것의 전부였다. 명색이 '빨래방'인 만큼 이불부터 패딩 등 다양한 세탁물이 쏟아질 게 분명한데… 서둘러 대책을 세워야 했다.

역시 모르면 배워야 하지 않겠는가. 우리는 빨래 고수를 찾아 나서기로 했다! 수소문 끝에 부산에서 취약계층 어르신들의 빨래를 무료로 돕는 곳을 찾았다. 부산연탄은행에서 운영하는 '우리동네 뽀송뽀송 빨래방'이다. 이곳은 평소에는 인근 주민에게 돈을 받고 빨래를 해 주는 보통의 코인 빨래방이다. 하지만 주민센터에 잔뜩 모인 이불을 부산연탄은행에서 수거하는 날에는 평범한 빨래방이 복지 시설로 변신한다. 주거 공간이 좁거나 고령, 질병으로 이불 세탁이 어려운 취약계층 주민에게 받아 온 빨랫감을 세탁 후 각 가정까지 다시 배달하는 '원스톱' 서비스를 하고 있다. 산복빨래방의 주 이용층과 고객 연령대도 비슷하고 빨랫감 종류도 비슷할 것 같았다.

바로 우리동네 뽀송뽀송 빨래방 강정칠 대표님에게 연락했다. 스스로를 '대표'가 아닌 '섬김이'로 부르는 분이다. 산복도로에 주민을 위한 빨래방을 만들고 싶고, 이에 대한 조언을 듣고 싶다고 말씀드리자 "너무 좋은 취지네요!"라며 흔쾌히 빨래방으로 우리를 초대했다.

아침 일찍 부산연탄은행 사무실을 찾았다. 일찍 와야 한다는 강 대표님의 말에 갸웃했지만 우리는 '빨래 제자' 아니겠는가. 군말 없이 모두 제시간에 도착했다.

그런데 건물 앞에서 우리를 기다린 건 1톤 포터 트럭이었다. 우리가 당황한 모습을 보며 강 대표님은 '그럴 줄 알았다'는 표정으로 웃으며 말했다.

"타십쇼. 어르신들 이불, 직접 보고 가져와야지요."

트럭은 울퉁불퉁한 산복도로 골목을 올랐다. 대표님은 '이런 곳에 어떻게 주차를 해 놓지' 싶은 길 사이를 수동 기어를 바꿔 가며 능숙하게 돌파했다.

"흔히 쪽방이라고 부르는 3평 남짓 공간에 사는 어르신들이 많아요. 제대로 된 세탁 시설도 없죠. 이불은 피부에 밀접하게 닿는 것이라서 오랫동안 세탁하지 않으면 위생 문제가 쉽게 생기곤 합니다. 처음에는 안타까운 마음에 새 이불을 사 드리기도 했지만 '아깝다'면서 쓰지 않는 모습을 보고 그냥 세탁을 깨끗이 해 드리자는 마음이 들었죠."

다른 여러 시설 대신 빨래방을 열어, 주민에게 무료로 빨래를 해 드리기로 한 이유를 담담히 말하는 사이, 트럭은 아미동 주민센터에 도착했다.

"어서 오세요. 오늘은 손님도 많네요."

주민센터 직원이 반갑게 강 대표님을 맞이했다.

"매주 정해진 요일에 어르신들이 모은 빨래를 가지러 오니 친해질 수밖에요."

원래는 대표님이 직접 모든 가정을 방문해 빨래를 가져왔다. 하지만 빨래를 무료로 수거하고 세탁해 준다는 소식에 점차 참여하는 사람이 늘어 혼자서는 감당할 수 없었다.

관할 지자체인 서구청은 각 주민센터에서 담당 구역에 있는 빨랫감을 모으기로 했다. 행정의 도움으로 부산연탄은행은 더욱 많은 주민의 빨래를 해 줄 수 있었다.

빨랫감을 트럭에 가득 싣고 빨래방으로 돌아온 우리 일행은 소매를 걷어 올리며 빨랫감을 차곡차곡 세탁기에 넣을 준비를 했다. 그런데 무작정 세탁을 시작하려던 우리와 달리, 강 대표님이 빨랫감을 다루는 손길은 세심하기 그지없었다.

색이 있는 옷가지를 별도로 분류하고, 먼지가 묻은 카펫은 세탁 전 미리 털고, 혹시나 세탁물 안에 중요한 물건이 없는지 꼼꼼히 확인했다. 제법 오염된 곳은 세탁기에 넣기 전 한 번 흐르는 물에 씻었다.

"가장 중요한 건 개개인의 세탁물이 섞이지 않는 것이에요. 우리가 헷갈리지 않기 위함도 있지만, 섞일 경우 어르신들의 기분이 좋지 않기 때문입니다. 여러분도 다른 사람과 세탁물을 섞어 같이 빨래하면 기분이 좋지 않으시겠죠? 우리가 무얼 베푼다는 생각을 해서는 안 됩니다. 오히려 주민을 섬긴다는 마음으로 더욱 세심하게 일하는 것이 중요합니다."

따뜻한 마음, 세심한 배려심. 이곳 빨래방은 진짜 주민에게 필요한 걸 찾아 주려는 대표님의 마음에서 시작됐다. 이날 우리는 수많은 빨래 기술을 전수받았지만, 그보다 더 중요한 마음가짐을 배울 수 있었다.

"빨래를 깨끗이 해 주는 것도 중요하지만, 무엇보다 그들에게 따뜻한 이웃이 되어야 합니다."

빨래 삯 대신 이야기를 받겠다며 나선 우리에게 무엇보다 와닿는 교훈이자, 지켜야 할 자세였다.

역세권보다 계세권

이상배

호천마을은 높은 지대가 만들어 내는 탁 트인 전경 덕에 야경이 아름다운 곳이다. 이 풍경이 우리가 산복도로에 자리한 여러 마을 중에서도 호천마을에 빨래방을 차리기로 결정한 가장 큰 이유다. 야경과 더불어 드라마 〈쌈, 마이웨이〉의 촬영지로 제법 알려지긴 했지만 아직 관광객들로 바글바글한 곳은 아니다. 관광객이 많으면 자연스레 외부인이 지은 상업시설이 들어서고 그로 인한 갈등도 생기기 마련이다. 아직 본래 모습을 그대로 간직한 호천마을에서는 주민들이 외부인인 우리를 받아들일 여유가 더 있다고 내다봤다.

다른 산복도로 마을처럼 호천마을의 길도 무척 좁고 가파르다. 특히 호천마을의 명소라 불리는 '180계단'의 위용이란! 까마득한 계단 길을 따라 쭉 시선을 내리면 깎아지른 듯한 절벽이 떠오를 정도로 어마어마한 경사에 놀라고 만다. 계단을 중심으로 키 낮은 건물들이 오밀조밀 붙어 있다. 멀리서 보면 마치 또 하나의 알록달록한 계단이 있는 것 같다. 계단 위로는 파란 하늘 사이사이를 전선이 가로지른다. 180계단이 실제로는 180개가 아니라 192개라는 사실을 알게 된 건, 훗날 마을 꼬마들과 직접 세 본 뒤다.

마을엔 골목도 많다. 굽이굽이 골목이 마을 곳곳에 가지처럼 뻗어 있다. 호계천 위를 지나 방재공원, 경로당까지 마을 구석구석을 찾아다니는 내내 계단과 골목을 걸었다. '이곳에 들어가도 될까' 덜컥 겁부터 나는 골목도 많았지만, 신기하게 가다 보면 어디로든 연결돼 있었다.

빨래방 부지를 찾으러 호천마을을 포함해 산복도로 여러 마을을 직접 돌아다녔다. '아는 만큼 보인다'고 하던가. 마을들을 볼 때마다 번듯한 대로변 건물보다는 자꾸 '빈집', '폐가'가 눈에 들어왔다. 낙후된 산복도로의 모습을 대변하는 공간이다. 언론에서는 잊을 만하면 산복도로 마을의 빈집, 폐가 비율을 보도하곤 한다. 숫자나 통계 말고 진짜 그 공간과, 그곳에 녹아 있는 의미를 빨래방을 통해 알릴 수 있겠다는 생각이 들었다.

빨래방 후보는 많았다. 산복도로 큰길 아래 작은 길을 내려가면 한 집 건너 한 집이 빈집이나 폐가였다. 부산에는 1950년대 전국에서 피란민이 몰려들면서 산복도로를 중심으로 우후죽순 판잣집이 들어섰다. 이렇게 형성된 산동네는 1970년대 또 한 번 전성기를 맞았다. 부산항을 중심으로 급속한 산업화 시대에 돌입하면서다. 이때 수많은 부산항 하역 노동자, 신발공장 여공들이 직장에서 가까운 산복도로를 찾았다. 생활 기반 시설이 열악했지만, 일자리를 찾아 부산에 발 디딘 바깥 사람에게 선택지는 많지 않았을 것이다.

하지만 눈부신 산업화 시기가 지나자, 산복도로는 사람이 빠져나간 채 모습만 그대로 간직한 바람 빠진 풍선 꼴이 됐다. 집과 공간은 그대로 있는데 사는 사람만 사라진 것이다. 예전에는 열 가구, 수십 명도 살았던 2층 단독주택이지만, 오늘날 한두 명만 사는 경우도 허다하다.

이렇게 빈집이 많으니 오히려 더 빨래방 자리를 결정하기 어려웠다. 또, 빈집이라고 무작정 사용할 수 있는 것도 아니었다. 고민 끝에 빨래방 공간 선택에 있어서 크게 두 가지 원칙을 세웠다.

첫째, 주민이 편하게 찾아올 수 있는 위치여야 한다. 산복빨래방은 반드시 마을 주민이 편하게 이용할 수 있는 곳이어야 한다. 빨랫감을 들고 오려면 거리가 멀지 않아야 한다는 점 때문만은 아니다. 산복빨래방이 빨랫감 없이도 누구나 자기 집 드나들 듯 찾아올 수 있는 '사랑방'으로 거듭나려면 마을을 오가는 길목 가운데 있어야 한다.

두 번째는 살고 있는 주민에게 피해를 주면 안 된다. 빈집이 아무리 많다고 해도 호천마을은 엄연한 주거지역이다. 아직도 많은 어르신이 살고 있다는 뜻이다. 만일 어르신이 사는 집 바로 옆에 빨래방을 차린다면 여러 불특정 주민이 집 근처를 오가게 된다. 이를 달가워할 주민은 많지 않을 게 분명했다.

이 두 가지 기준 외에 돈 문제도 고려했다. 기존에 있던 시설이 아닌 빈집을 리모델링하고, 세탁기와 건조기를 사고 빨래방을 꾸미는 데에는 여느 상가에 빨래방을 차리는 것보다 더 많은 비용이 든다.

처음엔 호천마을에서 상권이 발달한 큰길이 눈에 들어왔다. 호천마을로 가는 87번 버스를 타면 백용슈퍼 근처에서 내리는데, 백용슈퍼 앞 큰길을 중심으로 나름의 상권이 형성돼 있다. 호천마을과 바로 윗마을인 안창마을 주민들이 이용할 수 있는 슈퍼, 카페 등이 여기에 있다. 이 큰길은 종종 불법주차 때문에 다소 길이 좁아지긴 하지만, 호천마을을 지나는 귀한 2차선 도로다. 마을을 스쳐 지나는 것이 아니라 마을 깊숙이 호천마을문화센터까지 이어진다.

상업적 목적으로 빨래방을 하는 사람이라면 상권이 발달한 큰길에 접한 빈집을 눈여겨봤을 것 같다. 많은 주민이 부전시장 등 마을 바깥을 오가기 위해 큰길을 자주 찾기 때문이다. 우리 또한 처음에는 큰 도로 근처에 있어야 주민들이 쉽게 드나들 수 있지 않을까 생각했다.

하지만 알고 보니 주민들이 큰길보다 더 자주 찾는 곳이 있었다. 바로 계단이다. 이곳 주민들이 집으로 가려면 큰길이 아니라 계단과 골목골목을 오르고 내려야 한다. 산복도로에는 '옆집' 대신 '앞집'과 '뒷집'이 있다. 경사를 따라 지어진 집들을 잇는 유일한 통로는 계단이다.
그런데 빨랫감을 손에 들고 큰길까지 찾아오기에 계단은 높고 골목은 좁다. 빨래방은 집에서 조금만 걸어오면 금방 닿는 거리여야 했다.
결국 우리는 마을 속사정을 잘 알고 있는 호천마을주민협의회장의 도움을 받아, 주민 생활에 피해를 끼치지 않으면서 주민들이 많이 올 수 있는 곳을 찾아다녔다. 회장님의 강력 추천으로 마을 깊숙한 곳, '계세권'에 있는 2층 주택을 선택했다. '역세권'이 지하철이나 철도역 주변을 뜻하듯, '계세권'은 마을 계단 주변을 뜻한다. 마을 위아래를 크게 관통하는 180계단과 주 계단, 그 사이에 빨래방이 있어 우리가 직접 붙인 이름이다.
정말이지 쉬운 결정이 아니었다. 워낙 경사진 탓에 비가 오면 계단을 따라 작은 계곡이 생긴다. 좁은 골목도 마을 구석구석을 다니기 어렵게 한다. 차가 다닐 수 있는 도로는 손에 꼽힌다. 어찌나 좁은지 사람 두 명이 간신히 함께 걸을 정도다. 울퉁불퉁한 바닥을 조심히 걷지 않으면 금세 몸이 휘청이기 일쑤다.

버스정류장, 이웃집 등 어디든 가려면 계단을 올라야 한다. 마을을 오르내리기 위해 계단 앞에 서면, 막막함이 파도처럼 덮쳐 온다. 맨 밑에서 위를 쳐다보면 세기도 어려울 만큼 촘촘한 계단에 까마득해진다. 계단 끝까지 올라가면 구름을 만질 수 있을 것 같은 착각마저 든다. 위에서 내려다보면 또 어떻고. 당장이라도 굴러떨어지지는 않을까 다리가 떨릴 지경이다.

계단을 오르내리며 힘은 들었지만, 우리의 선택은 틀리지 않았다는 걸 확신했다. 빨래방을 찾는 어머님들이 옛날이야기를 하시면서 꼭 이 말을 더했기 때문이다.

"옛날에는 저 위 큰길도 없었어. 다 이 빨래방 앞 같은 길들뿐이라."

젊어서 계단과 골목뿐인 산복도로로 들어온 어머님, 아버님들. 자연스레 빨래방은 그들의 발자취를 따라가고 있었다. 마을 주민들만의 공간으로 들어오자 '무료'라는 이유로 빨래를 들고 우리를 찾아오는 외지인도 거의 볼 수 없었다. 한때나마 무료 빨래에 혹해 너무 대박이 나는 건 아닐까, 영화 〈극한직업〉처럼 주객이 전도되면 어쩌나 하던 고민도 말끔히 해결된 것이다.

영상으로 만나는 산복빨래방

180계단의 비밀

감히 내 집에 빨래방을 지으려고 해?

이상배

정류장 근처에서 40대로 보이는 한 남성이 손을 반갑게 흔들었다. 빨간색 바람막이와 회색 운동복 바지, 조금은 작아 보이는 백팩을 멘 모습. 약간 헤진 운동화는 그가 이 마을을 얼마나 열심히 돌아다니는지 짐작게 한다. 바로 마을에서 '젊은 회장님'으로 통하는 강재성 호천마을주민협의회장이다. 처음 우리에게 산복빨래방 자리를 소개해 준 사람도 강재성 회장님이다.

호천마을 골목길 풍경은 어찌나 비슷해 보이는지, 갈림길마다 양옆을 보면 똑같이 느껴진다. 성인 두 명이 간신히 서 있을 만큼 좁은 데다 계단 높낮이도 제각각이라 생각 없이 내려가면 넘어질 게 분명했다. 그렇게 골목길을 누빈 지 한참이 지나서야 한 주택 앞에 도착했다. 부산 부산진구 엄광로 509번길 13-7. 나중에는 자다가도 누가 물어보면 술술 말할 정도였지만 처음에는 얼마나 어색하던지. 훗날 산복빨래방이 될 집과 데면데면한 첫 만남이었다.

녹슨 철문 양쪽에는 송아지 털을 닮은 연갈색 벽이 높게 서 있었다. 세월에 닳은 철문은 낯선 사람을 허락하지 않으려고 고집을 부렸다. 삐그덕대는 문을 열고 들어가자 2층짜리 회색 벽돌집이 보였다. 산복도로에서는 흔히 보기 어려운 크기라 은근히 웅장했다. 1층에는 문이 여섯 개나 보였지만 모두 빈집인 듯 사람의 온기는 느껴지지 않았다.

각 집의 문을 열어 봤다. 안은 무척 좁았다. 3평 남짓한 공간이 전부였다. 문을 열자 가장 먼저 좁은 부엌이 보였다. 개수대 물을 틀어 보지만 감감무소식. '이런, 빨래를 해야 하는데 물이 안 나오다니!' 막막했지만 '공사를 시작하면 어떻게든 되겠지' 하며 일단 넘어갔다. 안쪽에는 부엌 공간과 방을 구분하기 위한 나무 미닫이문이 하나 더 있었다. 조심스럽게 열으로 밀어 문을 열어 보았다. 그 순간 쿰쿰한 곰팡이 냄새가 코를 찔렀다.

오랜만에 맡는 냄새였다. 사실 나는 어린 시절 산복도로에 산 적이 있다. 당시 내가 사는 빌라 지하 주차장에는 해가 잘 드는 창문이 있었다. 빌라 입장에서는 지하지만, 아랫길에서 바라봤을 때 주차장은 지상에 있었기 때문이다. 경사가 높은 산복도로의 특성으로 생긴 주차장이다.

친구들과 숨바꼭질을 할 때 지하 주차장은 즐겨 찾는 곳이었다. 차 뒤나 구석 같은 곳에 쭈그리고 앉으면 밖에서 잘 안 보이기 때문에 숨바꼭질하기에 안성맞춤이었다. 하지만 반지하라 그런지 냄새는 피할 수 없었다. 코를 찌르는 쿰쿰한 냄새. 오래된 빌라 지하 주차장에서 나는 습한 냄새다. 산복도로의 빈집에서 익숙한 냄새를 맡으니 옛 기억마저 새록새록 떠올랐다.

처음엔 눈처럼 새하얬을 벽지는 진작 누렇게 물들었다. 개나리 같은 샛노란 빛이 아니라 탁한 색으로 보아 천장에서 빗물이 흐른 듯 곰팡이가 얼룩져 있었다. 방 안에 창문이 있긴

하지만 열었을 때 보인 건 뒷길 담벼락뿐이었다. 도심에도 건물 간 거리가 너무 가까워서 창문을 열면 바로 건너편 건물 벽이 보이는 곳이 있지 않은가. 사람이 오밀조밀 모여 사는 산복도로에도 집과 집 사이는 무척 가까웠다.

"여기에 마지막으로 사람이 산 게 언제인가요?"

잠시의 침묵 끝에 회장님은 "모르겠습니다"라며 말끝을 흐렸다. 그도 그럴 것이, 이곳은 회장님이 산복도로 마을에 처음 온 순간부터 빈집이었다고 했다. 1980년대에 지어진 집은 40년이 넘어 이곳저곳 낡아 있었다. 천장 벽지는 반쯤 뜯어져 커튼처럼 내려왔다. 옷깃처럼 홀로 나풀거리는 천장을 보자니 괜히 으스스한 기분마저 들었다.

곧 걱정이 앞섰다. 이렇게나 오래된 곳을 빨래방으로 탈바꿈할 수 있을까? 3평 남짓의 공간도 너무 작은 건 아닌가 의심됐다. 아무리 '미니멀리즘'을 추구한다고 해도 빨래방을 차릴 수 있을까 상념에 잠겼다.

이 건물에 배어 있는 이야기를 들었다. 1층 여섯 개 방은 세입자가 살았고, 2층엔 주인 할머니가 살았던 넓은 방이 있다. 예전에는 이 작은 방 한 칸에서 육 남매를 키웠다고 한다. 1층에 사는 집의 아이들이 조금이라도 시끄럽게 굴면 2층에 사는 주인 할머니의 불호령이 떨어졌다고 한다. 소리만 지르는 게 아니라 한겨울에도 차가운 물을 세숫대야에 가득 담아 밑에 뿌리기도 했단다. 꽤나 무서웠을 할머니를 상상하자 조금 오싹했다.

"감히 내 집에 빨래방을 지으려고 해?"

왠지 만난 적도 없는 오래전 주인 할머니가 우리한테 호통치는 것 같은 아찔한 기분이 들었다.

인부들 다 도망갔어요!

이상배

'드드드득!'

골목 가장자리에 몸을 둥글게 말고 앉아 있던 고양이 두 마리가 깜짝 놀라 일어났다. 어찌나 빠른지 금세 눈 밖으로 사라져 버렸다. 놀랄 만도 하지. 사람의 발길이 닿지 않아 시간이 멈춘 듯 조용했던 산복도로 마을에 난데없이 공사 소음이라니.

처음 생각했던 것보다 공사 규모는 커졌다. 결국 방 두 개를 트기로 했다. 집 공간 하나만으로는 빨래방으로 사용하기에 너무 좁았다. 아무리 반백 년 가까이 된 낡은 집이라지만 콘크리트는 콘크리트. 방과 방 사이를 구분하던 듬직한 콘크리트 벽은 좀처럼 쉽게 부서지지 않았다.

도시에 살며 가장 쉽게 보는 공사는 대개 자신이 살고 있는 아파트 리모델링 공사다. 빨래방으로 탈바꿈할 빈집을 보고 온 뒤, 우리는 마치 내가 살 집을 고치는 것처럼 들뜬 기분이 들었다. 흥분을 감출 수 없었다. 어설프게 평면도를 그리고 가구를 배치하고 있으면 시간 가는 줄 몰랐다.

"여기 의자를 둘까? 빨래방 문을 열고 들어오면 바로 쉴 수 있게. 계단을 오르내리느라 얼른 앉고 싶으실 거야."

"세탁기와 건조기 옆에 물건을 쌓아 둘 수 있는 서랍 공간이 있으면 좋겠어요. 수납 의자를 둘까요? 앉을 수도 있고 물건 수납도 되게 하고…"

집 꾸미는 재미에 점점 더 몰입했다. 종이와 화이트보드에 볼펜 자국이 많아질수록 산복빨래방도 더 알찬 공간이 되어 가는 것 같았다.

하지만 인테리어 업체 앞에 자신 있게 내놓았던 우리의 도면은 손쉽게 무너졌다. 우리에게 주어진 예산이 턱없이 부족했기 때문이다. 세탁기와 건조기도 함께 구매해야 하니 인테리어 공사에 쓸 수 있는 비용이 많지 않았다. 그렇다고 직접 철거를 할 수도 없고.
아무리 빈집이라지만 벽을 허물고 두 개의 집을 합쳐야 하는 상황. 공사를 도맡아 줄 인테리어 업체를 수소문했다. 다행히 산복도로 공사 경험이 있고, 마을 사정을 잘 알고 있다는 업체를 찾을 수 있었다. 하지만 인테리어 업체 사장님에게 예산을 솔직히 밝히고 나온 결론은 '기초 공사만 해도 빠듯하다'였다. 산복도로는 오래된 빈집이 많지만 이를 리모델링하는 경우는 잘 없다. 워낙 건물 자체가 오래되기도 했고, 공사 차량이 골목으로 진입할 수 없어서, 사람이 자재를 집까지 직접 옮겨야 하니 인건비가 많이 드는 탓이다. 차가 주차할 수 있는 가장 가까운 곳인 호천마을 버스정류장에서 골목골목 계단을 한참 들어와야 산복빨래방에 도착할 수 있다.
그래도 어쩌겠는가. 눈물을 머금고 빨래방 공사를 시작할 수밖에. 그렇게 기초 공사를 시작한 4월. 우리도 빨래방 현장을 자주 찾았다. 하루하루 바뀌는 모습을 보고 있자면 우리가 처음 본 빈집이 맞나 눈을 의심할 정도였다. 그렇게 한창 공사 중인 빨래방 건물 앞에서 인테리어 업체 사장님을 만났다. 그런데 대뜸 화들짝 놀랄 만한 말을 하는 게 아닌가!

“기자님, 지금 인부들 다 도망갔어요.”

“네? 인부들이 도망을 갔다고요?”

사정인즉슨 이랬다. ‘이 동네에서 리모델링을 한다니 쉽지 않겠군’이라며 각오하고 찾아온 베테랑 인부도 하나부터 열까지 자재를 직접 옮기고 있자니 너무 힘들어했다는 것이다. 오히려 아파트 리모델링이 더 쉽다고 했다. 아파트 입구까지 차가 들어가기 쉬워 공사 현장까지 자재를 옮기고 폐기물을 빼올 수 있기 때문이다. 그런데 엘리베이터도 없고, 바닥이 평평하지 않아서 끌개를 쓸 수도 없는 이곳은 인부들에게 최악의 현장이었다. 또 베란다 문을 뜯거나 화장실 일부만 고치는 게 아니라 이렇게 콘크리트 벽을 깨부수는 일은 공사의 규모가 컸다. 그렇다고 이제 와 중단할 수도 없는 일. 인테리어 사장님은 인부가 두 손 들고 나가면 다시 새로운 사람을 구해 가며 조금씩 공사를 진행해 갔다.

전전긍긍하는 건 우리도 마찬가지였다. 산복도로에서 하는 공사는 수도, 전기 등 하나부터 열까지 다 챙겨야 했다. 도시에는 너무 당연한 시설도 이곳에서는 당연하지 않았다. 수십 년 된 오래된 폐가에는 물도, 전기도 들어오지 않은 지 한참 되었다. 바닥을 모두 뜯어내 수도관을 아예 새로 매립하고, 전기선도 모조리 새것으로 바꿔야 했다. 그리고 이 모든 것을 앞으로 6개월간 이곳에서 보낼 우리도 반드시 알아야 했다. 때로는 자재를 옮기는 것도 도와드리고, 어떨 때는 인테리어 업체 사장님의 강의를 열심히 메모하며 대공사는 이어졌다.

위험천만한 순간도 있었다. 도무지 익숙해지지 않을 것 같던 공사 소리가 귀에 익을 무렵, 공사 현장 구석구석을 살피며 촬영을 하고 있던 때였다.

"악!"

짧은 소리에도 함께 일하는 이재화 피디의 목소리인 것을 금세 눈치챘다. 순간 떠들썩하던 현장에 정적이 흘렀다. 사람이 너무 놀라면, 소리를 지르는 게 아니라 몸이 굳는다는 걸 이때 알았다. 재화 피디는 공사 장면을 생생히 담아야 한다며 한창 바닥을 뜯어고치던 현장에 있었다. 다행히 발을 조금 찔었을 뿐 금세 회복했지만 정말이지 아찔했다.

좁고 낡은 폐가 공사는 날카롭고 위험한 것투성이었다. 바닥에 녹슨 못이 굴러다니는 것은 예삿일이었다. 소형 포클레인이 들어오며 부서지는 벽은 어떻고. 어느 하나 성한 곳이 없었다. 인부들이 도망간다는 말이 실감 났다. 막막했던 기초 공사가 끝난 무렵에는 안도와 감사의 한숨이 절로 나왔다.

사람의 손길이 닿지 않았던 이곳은 그렇게 우여곡절 끝에 사랑방으로 차근차근 바뀌어 나가고 있었다.

울며 겨자 먹기로 시작한 셀프 인테리어

이상배

사람의 온기 없이 스산했던 빈집은 하루가 다르게 변해 갔다. 울퉁불퉁했던 회색 콘크리트 바닥과 벽은 포클레인의 거친 손에 산산이 부서지는 듯하더니, 어느새 사람 손이 닿자 다시 평평하고 매끈해졌다. 아직 우중충한 회색빛은 그대로였지만 곧 말끔한 흰색 벽지를 붙일 걸 생각하니 절로 기분이 좋아졌다.

처음 빨래방 인테리어를 두고 업체 사장님과 예산 문제로 밀고 당기며 많은 얘기를 했지만 결론은 하나였다. 인건비가 많이 들기 때문에, 이 예산으로는 별도의 공간 디자인은 어렵고 반듯한 공간으로밖에 만들 수 없다. 물론 방치된 두 칸의 빈집을 합쳐 하나의 말끔한 공간으로 만들어 내는 것 자체로도 큰 의미가 있다. 하지만 빨래방 오픈의 꿈에 부풀어 있던 우리에겐 인테리어를 할 수 없다는 점이 못내 아쉬웠다.

어떻게 돈을 적게 들이면서 빨래방을 가꿀 방법이 없을까? 기초 공사는 제대로 배운 적 없는 우리보다 전문가가 하는 게 당연하다. 하지만 인테리어라면 전문가의 손길이 닿은 것처럼 말끔하지는 못해도 우리가 직접 어찌해 볼 수 있지 않을까? 게다가 요즘엔 셀프 인테리어가 유행이라지 않는가. 우리가 직접 인테리어 용품을 사서 일을 한다면, 우리가 구현하고 싶은 인테리어를 상대적으로 저렴하게 완성할 수 있지 않겠는가! 또 손님들이 방문했을 때 '이곳은 저희가 직접 만든 공간이에요'라고 자랑하며 이야기의 물꼬를 틀 수도 있지 않을까. 공공의 성격을 띤 마을 공간이나 상업시설이 아니라 함께 이야기를 나누고 마음을 교류하는 공간이라는 이곳의 정체성에도 의미 있을 것 같았다. 서툴지만 마음을 담아 직접 꾸미는 게 우리의 진정성을 작게나마 담아내는 데 더 효과적일 것이라 믿으며, 우리는 의욕에 불타올랐다.

하지만 좁은 사무실 공간을 꾸미는 것도 아니고, 더군다나 수십 년 방치된 빈집을 직접 인테리어 하는 것은 생각보다 쉽지 않았다. 유튜브와 블로그에 보면 척척 손쉽게 완성하는 것 같은 셀프 인테리어도 우리가 직접 하려 하니 결코 만만치 않은 전문 작업이었다. 결국 우리는 현실과 타협해, '세탁기가 놓이는 벽면만이라도 예쁘게 직접 꾸며 보자!'라고 결론 내렸다.

다행히 인테리어 업체 사장님은 우리가 직접 인테리어에 호기롭게 도전한다는 말에 너털웃음을 터트리면서 도와주겠다고 약속했다. 전문가까지 도와준다는데 뭐가 무섭겠는가! 낙동강을 건너 부산 강서구에 있는 타일 도매 업체에서 깔끔한 흰색 줄무늬 타일을 구매했다.

대학생 때 동아리방을 셀프 인테리어 한 적이 있었다. 사실 셀프 인테리어라고 거창하게 말하긴 했지만 낡은 벽면에 페인트칠을 하는 것뿐이었다. 하얀 스케치북에 붓 칠하는 정도로 생각했던 당시, 생에 처음 도전한 페인트칠에 기겁할 수밖에 없었다. 창문이나 다른 사물에 페인트가 묻지 않도록 일일이 비닐로 덮고, 페인트칠을 할 벽면 테두리 선에 정확히 맞춰 마스킹 테이프를 붙여야 했다. 엄청난 시간과 꼼꼼함을 요하는 작업이었다. 설마 이번에도…? 걱정이 스멀스멀 올라왔다.

하지만 페인트칠을 하기도 전에 더 무서운 복병이 나타났다. 바로 '계단'이었다. 타일을 일일이 직접 들어 보지 않는 한 잘 알지 못하는 사실이지만, 타일 하나하나는 꽤 무겁다. 수십 개 타일을 차에 싣는 건 지게차가 해 줬다. 하지만 차가 들어올 수 없는 빨래방까지 타일을 이고 지고 옮기는 건 우리 몫이었다. 가장 가까운 곳까지 차를 타고 온 뒤 100미터 가까이 계단과 골목을 왕복해서 누벼야 했다.

체육복 바지와 운동화를 신고, 두꺼운 목장갑을 손에 꼈다. 너무 무거워서 한 번에 여러 개를 동시에 들 수도 없었다. 오른손에 쥐었다가, 왼손으로 옮겼다가, 어깨에 짊어도 봤다가… 어떻게 들어도 무거웠다. 무더운 여름도 아닌데 땀이 비 오듯 쏟아졌다.

마침내 타일과 접착제, 백시멘트까지 다 옮긴 뒤 인테리어 업체 사장님이 시키는 대로 차근차근 작업을 시작했다. 물론 우리도 준비 없이 무작정 온 건 아니었다. 유튜브라는 좋은 선생님이 있었다. 유튜브에서 봤을 때 슥슥 접착제를 발라 타일을 붙이는 게 크게 어려워 보이지 않았다.

하지만 인테리어 사장님은 "유튜브만 봐서는 택도 없어요"라며 코웃음 쳤다. 사장님을 따라 접착제와 백시멘트를 빈 통에 붓고, 접착제를 벽에 뭉텅이로 던진 다음 헤라로 열심히 밀어 보았다. 역시나 모두가 끙끙거렸다.

"타일 바르는 작업은 보통 몇 시간 걸려요?"

"사람마다 다 다르지예. 이 정도 벽이면 전문가는 한 시간이면 충분합니더. 근데 여러분은 한 세 시간은 걸릴 걸예?"

벽면에 접착제를 잘 바른 뒤 흰 타일을 붙이고 열심히 두드려 고정하는, 보기엔 간단한 그 작업을 우린 온몸에 땀을 뻘뻘 흘리며 고군분투했다. 사뭇 비장한 우리를 보고 사장님이 웃으며 말을 건넸다.

"재밌게 하면 됩니다. 얼마나 보람된 일입니까. 하는 만큼 되니까."

우리의 우당탕탕 타일 붙이기는 정말 사장님의 예상대로 세

시간이 지나서야 끝이 났다.

하지만 고생이 무색하게도 우리의 야심 찬 셀프 인테리어는 세탁기와 건조기를 들여오니 거의 가려졌다. 심지어 세탁기 위에 건조기가 올라가 있는 형태라 위쪽도 가려져 잘 보이지도 않았다. 의욕만 앞서 불러온 결과였다.

'이렇게 가려질 거라면 타일을 덜 붙여도 됐을 텐데….'

그래도 빨래방을 운영하는 내내 세탁기와 건조기 틈으로 슬쩍 드러나는 타일을 볼 때마다 은근히 뿌듯했다. 아무도 관심을 갖지 않았지만 기회가 닿을 때마다 "타일 예쁘지 않습니까?"라는 자랑스러운 말로 하루를 시작했다. 단골 손님들은 나중엔 눈길도 주지 않고 "예쁘게 붙여놨네"라며 '답정너'로 답했다.

영상으로 만나는 산복빨래방

우당탕탕 40년 된
폐가 인테리어

빨래방에도 브랜딩이 필요해

김준용

산복빨래방을 상징하는 색깔은 '주황색'이다. 빨래방 프로젝트가 확정되고 가장 먼저 한 일은 프로그램 로고를 만들고, 빨래방의 콘셉트 색깔을 정한 것이다.

"팀장님, 어떤 색깔이 산복도로랑 잘 어울릴까요?"

"색깔이요?"

보경 피디가 질문했을 땐 뒤통수를 세게 맞은 기분이었다. 빨래방에 소파를 놓을까, 의자를 놓을까, 탁자를 놓을까로 한참을 고민했지만 '프로그램 로고', '콘셉트 색깔' 같은 건 생각도 하지 못했다. 빨래방을 어떤 느낌으로 꾸미고 어떻게 표현할지에 대해서는 별 고민을 해 본 적이 없었다. 질문을 듣고 보니, 그래 '눈길을 끌 만한 특징'이 필요했다. 다행히도 우리에게는 전문가가 있다. 언제나 예쁜 영상을 만들어 내려 골몰하는 두 피디가 있으니까.

산복도로에 빨래방을 열기로 의기투합하고 내가 노트북 화면에 커서가 깜박이는 한글 파일 창을 열 때, 피디들은 포토샵 창을 열었다. 기자 두 명이 운영 방식을 생각할 때 피디 두 명은 빨래방을 마을에서 제일 예쁘고 눈에 띄는 공간으로 만들어야겠다고 생각했다.

색깔은 상배 기자가 아이디어를 냈다.

"선배, 주황색은 어떻습니까? 제가 어렸을 때 살았던 산복도로의 야경은 주황색이었거든요."

이견이 없었다. 완벽한 색깔이었다. 마을에는 좁고 어두운 산복도로 골목을 밝히기 위해 저렴한 주황색 나트륨등이 골목골목에 자리 잡았다. 그에 맞춰 빨래방 문 앞 통창도, 문 테두리 색깔도, 산복빨래방을 알리는 모든 색깔은 그렇게 주황색이 됐다. 지금은 LED등으로 교체하며 산복도로 야경이 하얗게 변해 가고 있지만 산복빨래방을 찾을 어르신들에게는 주황색이 친숙한 색깔이다.

색은 정했으나 빨래방에 필요한 일은 한두 가지가 아니었다. 나는 우선 빨래방의 콘셉트에 부합하는 인테리어에 집중했다. 카페나 식당에 가도 의자, 조명 등 인테리어부터 눈에 들어왔다. 스마트폰 사진첩은 각종 눈에 띄는 의자, 인테리어 사진들로 가득 찼다. 이불 빨래를 하러 집 앞 빨래방에 가서 한동안 꼼꼼히 공간을 살폈다. 빨래방 식구들과 카페에 앉아서도 습관처럼 "이런 의자는 얼마일까?" 같은 이야기를 나눴다.

빨래방 인테리어의 기준은 명확했다. '어머님들이 좋아하려나?' 우리의 주요 고객인 호천마을 주민들 절대다수가 60대 이상 어르신이었다. 바닥부터 벽지, 소품까지 하루 종일 머릿속에서 떠나지 않았다. 빨래방에서 무슨 일이 벌어질지, 어떤 이야기를 들어야 할지도 매우 중요한 문제였지만 마을 주민들이 마음에 들어 하며 찾아오고 싶은 공간을 만드는 것도 중요했다.

회사에서 한 선배는 우리에게 걱정 어린 격려를 하기도 했다. "너희 취재하는 것 아니고 창업하는 것 같노. 이러다 회사 그만두는 것 아니가?”

어느 날에는 요즘 힙하다는 카페에서 흔히 볼 수 있는 시멘트 마감을 덜 한 공장 감성 인테리어 사진을 인테리어 업체에 내밀었다. 노출된 시멘트가 빈집, 폐가가 많은 산복도로를 상징적으로 보여 줄 수 있을 것 같았다.

“아이고, 김기자님, 할매들이 들어오다가 나갈 깁니더.”

“왜요?”

“공사 다 안 끝난 줄 알고예. 오는 사람들이 할매, 할배들인데 그걸 보면 폐가라고 생각하지 않겠습니까. 아이고 불편해라, 다시는 안 오지 하지.”

맞는 이야기였다. 이후 고민에 고민을 거듭했다. 좁은 공간을 활용하려 고안한 붙박이 의자도 어르신들이 앉기에는 불편할 거라 생각해 철회했다. 외부에 보이는 것, 젊은이들이 좋아하는 것이 아니라 마을 내부에서 좋아할 것을 찾아야 했다.

‘요즘 감성’과 ‘할매 감성’의 접점을 찾는 것, 젊은 애들이 만든 공간이라는 티도 내면서 ‘할매 감성’으로도 재밌고 새롭게 느껴지는 것 말이다.

수도 없는 고민 끝에 완성된 빨래방을 찾는 어르신들은 다행히 우리의 인테리어 하나하나를 보며 '이쁘다', '저런 건 어디서 샀대' 같은 칭찬을 해 주셨다.
할머니들이 이쁘고 화사한 걸 좋아한다는 사실은 어려서부터 몸소 체득해 알고 있었다. 부모님의 맞벌이로 외할머니 품에서 자랐는데 할머니는 예쁜 것을 참 좋아하셨다. '할머니는 이런 걸 좋아하셨지' 생각하며 하나둘 빨래방을 채워 가다 보니 산복도로 '할매 감성'도 충족시킬 수 있었던 것 같다.
빨래방 문을 열고 들어오면 매우 큰 글씨의 사용설명서가 가장 먼저 어르신들을 맞이한다. 이불 빨래의 과정, 건조에 걸리는 시간, 빨래방의 의미까지 한데 담았다. 물론 큰 글씨에 반발이 없었던 것은 아니다.
"피디님, 안 예뻐도 되니 무조건 잘 보이게 크게 합시다."
"너무 과한 거 아니에요?"
"과하면 어머님들은 '아이고 글씨 크고 좋네' 하실 거예요."
아기자기한 현대식 빨래방에 큰 글씨는 간혹 '디자인 파괴' 아니냐는 말을 듣기도 했지만 글씨 크기를 포기할 수 없었다.

큰 글씨에 이어 또 하나 준비한 비장의 무기.

가게를 여는 데 있어서 제일 중요한 건 가게의 '간판'이다. 그러나 집들이 촘촘히 밀집한 산복도로에 간판을 설치하기는 마땅찮았고, 대안으로 좁은 도로의 통행을 막지 않는 조그마한 입간판을 세우기로 했다. 빨래방 안으로 들어오지 않아도 길을 오가며 입간판을 본 주민들이 '아, 이런 곳이 있구나' 알 수 있지 않을까?

입간판 디자인은 피디들이, 문구는 기자들이 작성했다. 처음에는 여느 가게가 그러하듯 'OPEN 10AM, CLOSE 6PM'라고 써 넣었다. 하지만 뭔가 우리가 추구하는 할매 감성과는 맞지 않았다. 그때 재화 피디가 말했다.

"어머님, 아버님 생각하면 한글로 하는 게 어떨까요?"

아, 한글! 어르신들과 눈높이 맞추기 '동기화'가 끝났다고 자신했건만 또 한 수가 부족했다.

여는 시간, 닫는 시간, 문 여는 시간, 문 닫는 시간. 많은 단어들이 오가던 중, 상배 기자의 아이디어가 빛을 발했다.

"깔끔하게 '열어요', '닫아요' 어떻습니까?"

"좋다, 좋아!"

완성한 나무 입간판을 빨래방 입구에 세웠다. 시간이 헷갈리거나 글씨가 작다거나 못 알아보겠다는 분은 없었다. 시간이 흐를수록 입간판은 빨래방을 찾는 이들에게 첫인사를 건네는 중요한 상징이 되었다.

그러던 어느 날, 출근길에 회사 선배에게서 연락이 왔다.

"이거 산복빨래방 간판 맞지? 트위터에서 엄청 리트윗 되고 있던데."

놀란 마음에 트위터에 들어가 보니 산복빨래방 간판이 수많은 계정에 공유되고 있었다. '간판이 너무 예쁘다', '뭐 하는 가게냐', '어디 있는 가게냐' 같은 댓글이 눈에 띄었다.

놀랍게도 빨래방은 간판을 통해 먼저 사람들에게 알려졌다. 한글 사랑 간판으로 유명해지니, 덩달아 빨래방의 취지도 알려지기 시작했다. 어르신들의 마음을 열고자 만든 간판이 세상의 문을 열었다.

수개월의 고민과 시도 끝에 빨래방은 '할매 감성'과 '요즘 감성'이 만나 '산복 감성'으로 완성됐다.

쌍이는 빨랫감만큼 이야기도 차곡차곡

2부

빨래방의 하루

김준용

빨래방이 문을 여는 시간은 오전 10시다. 하지만 오픈 전에는 엄연히 준비 시간이 필요한 법. 나를 포함해 총 네 명의 빨래방 직원들은 아침 9시면 빨래방에 모여 앞치마를 두른다. 이제는 누가 말하지 않아도 각자 맡은 역할을 척척 해낸다. 영업 이사직의 이상배 기자는 먼저 빨래방 마당에 있는 수도꼭지 앞에 앉아 건조기의 먼지 통을 흐르는 물에 깨끗이 씻는다. 보경 피디는 어제 퇴근 전 건조기에 돌린 이불을 꺼내 갠 뒤 다른 세탁물과 헷갈리지 않도록 꼼꼼히 체크한다. 재화 피디가 청소기를 돌리고 물걸레로 바닥을 닦는 사이, 나는 걸레를 빨아 테이블을 꼼꼼히 닦는다. 몇 달을 함께 빨래방 문을 열다 보니, 이제 각자 어떤 일을 해야 하는지 말하지 않아도 안다.

아침 10시를 조금 넘은 시간. 뽀글뽀글 파마머리에 화려한 무늬의 옷을 입은 어머님이 황금색 보자기를 들고 계단을 내려온다. 단골 부연 어머님이다. 어머님은 빨래방 문 앞의 나지막한 계단 세 개를 오르면서부터 빨래방을 향해 큰 목소리로 외친다.

"안녕하세요! 빨래 많이 밀렸네?"

"어유, 금방 됩니다. 건조기에 바싹 말려서 뽀송하게 해 놓을게요."

어머님의 활기찬 기운으로 아침을 열면 기분이 좋다. 장사하는 사람들이 흔히 말하는 '마수걸이'의 중요성을 깨닫는다. 어머님은 매번 한 손엔 빨래를, 한 손엔 솜씨를 가득 발휘한 반찬을 들고 빨래방에 찾아온다. 그냥 와도 된다고 여러 번 말했지만 '뭐라도 해 먹이고 싶다'며 늘 두 손 가득이다.

"어머니, 뭘 또 이리 들고 오셨습니까?"

"뭐 별건 아니고 반찬거리 좀 챙겨 왔어."

빨랫감과 반찬을 놓고 배부연 님과 두런두런 근황 이야기를 시작한다. 너스레와 넉살이 핵심이다.

“요즘 많이 바쁘십니까? 잘 안 보이시던데요.”

“원래 바빠. 겨우 시간 내 온 거야.”

“아침부터 어디 갔다 오셨습니까?”

“집 정리하고 아침에 텃밭도 좀 보고…”

아직 아침 10시지만 어머님의 하루 첫 일정은 빨래방이 아니다. 텃밭도 다녀오고 이미 노인정에 눈도장도 찍고 왔다. 어르신들의 하루는 촘촘한 일정을 넘어 빡빡하게 가득 차 있다. 그래서 부지런하고, 또 그만큼 바쁘다. 가끔 빨래방이 문을 열기 전 이른 새벽부터 문 앞에 빨랫감을 툭 놓고 가는 어머님도 있다. 마치 우리에게 ‘더 부지런하게 다니라’라고 말하는 듯하다.

부연 어머님과 막 이야기를 시작할 무렵 빨래방 직원들을 손주처럼 대해 주는 영희 어머님 소리가 문 너머로 들린다.

“아이고, 일찍도 왔네. 와 이리 일찍 왔노.”

“언니가 늦은 거지.”

"늦기는 뭐가 늦어, 난 그래도 여기 자주 오잖아."

두 어머님은 반가움에 언성을 높인다. 싸우는 게 아니다. 서로 두세 마디만 오가도 뭐가 그리 즐거운지 깔깔깔 웃음이 터진다. 영희 어머님과 부연 어머님은 마을에서 둘도 없는 '절친'이다. 서로의 가족사는 물론 흔한 말로 집에 숟가락 몇 개가 있는지 다 아는 사이다. 두 어머님은 공통점이 있다. 모두 딸 셋을 가진 딸부자다. 50여 년의 세월을 함께 보내다 보니 자연스레 친구가 됐다고 한다.

어머님들이 오순도순 이야기를 나누는 동안 직원들의 손과 머리는 바빠진다. 이때도 네 직원의 역할 분담은 명확하다. 한 명은 빨랫감을 들고 온 고객을 응대한다. 응대는 생각보다 고난도의 일이다. 최대한 따뜻하게 성심성의껏 마음을 담아 환대해야 한다. 주로 사장인 내가 응대를 맡는데, 처음에는 무슨 이야기를 해야 할지, 어머님들은 어떤 주제에 관심이 있을지 고민했다. 이제는 경험히 쌓여 능숙하게 말을 건넬 수 있다. 어머님, 아버님의 근황을 잘 기억해 두었다가, 이야기보따리를 풀 수 있게 질문을 잘 던지는 것이 중요하다.

"어머님, 이번에 청와대 갔다 왔다면서요. 어떻던가요?"

"아이고, 좋지. 대통령 살던 데니까 달라도 다르더라고. 근데 내가 이달에만 청와대를 세 번이나 가게 돼서 큰일이야."

"세 번이나요? 어머님이 대통령보다 자주 가는 거 아입니까?"

"그러게? 허허허."

한창 이야기를 나누는 사이 스리슬쩍 피디들은 카메라를 세팅한다. 그냥 아무것도 아닌 이야기, 소소한 이야기도 '빨래방의 이야기'인 만큼 놓치지 않고 담아야 한다. 처음에 카메라를 어색해하며 의식하던 어머님들은 어느덧 프로 방송인처럼 자연스럽게 대화를 이어간다.

이런저런 이야기를 나누다 보면 어느새 정오. 감사하게도 어머님들은 빨래방으로 먹을 걸 바리바리 싸 오시곤 한다. 가장 자주 본 메뉴는 '부침개'다. 어머님들은 어쩜 다들 하나같이 부침개를 잘 굽는지. 재료는 아낌없이 넣어 맛이 풍성하면서도, 얇게 부친 덕에 겉은 바삭하고 속은 촉촉하다. 열 장 넘게 쌓인 부침개를 다 같이 나눠 먹으니 배가 어느덧 볼록해진다.

“어머님, 너무 배불러요. 더 못 먹겠어요!”

“아이고, 젊은 삼촌 이모들이 이렇게 못 먹어서 되나. 하나만 더 먹어.”

분명 배불러서 못 먹을 것 같았는데 어머님 성화에 부침개를 하나 더 입에 가져다 대면 신기하게 또 입에 들어간다.

점심을 먹고 난 뒤 오후 3시쯤 되면 어머님들이 빨래를 가지러 드문드문 오신다. 빨래방의 세탁기와 건조기는 잠시도 쉬지 않고 돌아가고 있지만, 이불 빨래가 한 번에 몰릴 때는 시간이 조금 더 걸리기도 한다. 빨래가 다 마르려면 30분이 남았는데, 어머님 한 분이 빨래가 다 된 줄 알고 일찍 오셨다. 하지만 오히려 좋다! 30분 동안 어머님과 산복도로에서 살아오신 인생 이야기를 나눌 기회가 생겼으니까.

오후 6시면 빨래방도 하루를 정리하고 문을 닫을 준비를 한다. 물론 6시에 ‘칼퇴’하지 않을 때도 있다. 빨래방에 오신 어머님, 아버님과 재밌는 이야기를 한창 하고 있을 때가 그렇다. 빨래방에 있던 손님들이 모두 귀가하시면 그제야 우리도 문 닫을 준비에 돌입한다.

"와, 오늘은 빨래 많이 가져가셨네."

어머님, 아버님이 빨래를 맡길 때마다 꼼꼼히 번호를 붙이지만, 혹시 모르니 마칠 때 한 번 더 끝낸 빨래와 남은 빨래를 점검한다. 다행히 오늘도 틀린 건 없는 듯하다. 마지막으로 건조기에 빨랫감을 넣은 뒤 마무리한다. 빨래방 2층에서 쉴 새 없이 영상 편집을 하고 있던 보경 피디도 내려오고, 촬영에 여념 없던 재화 피디도 카메라를 챙긴다. 그렇게 빨래방 문을 잠그는 순간, 빨래방 직원으로서 우리의 하루는 끝이 난다.

영상으로 만나는 산복빨래방

빨래방 랜선 집들이

호랑이마을에 어서 오세요

이상배

호천마을을 지나는 유일한 교통수단인 87번 버스. 부산 서면역에서 기다리던 버스에 몸을 싣는다. 버스는 평범한 도심 길을 달리는가 싶더니 난데없이 고개를 치켜든다. 산복도로로 오르기 위한 첫발을 디딘 것이다.

롤러코스터처럼 구불구불 끝없이 오르막길을 오르다 보면 잠시 뒤, 버스 왼쪽으로 탁 트인 부산 전경이 모습을 드러낸다. '분명 조금 전까지 도시 한가운데였는데?' 당황하는 것도 잠시. 부산 바다를 닮은 하늘 아래 끝없이 펼쳐진 키 다른 건물에 눈길을 빼앗기고 만다.

잠시 그 장면을 구경하고 있노라면 곧 우리의 목적지인 정류장에 도착한다. 내리자마자 반겨 주는 건 벽에 그려진 호랑이 한 마리다. '어흥. 어서 오세요' 이곳은 산복빨래방이 자리 잡은 호랑이마을, '호천마을'이다.

부산 산복도로에는 꽤 많은 마을이 있다. 아미동 비석마을, 감천문화마을, 영도에 있는 흰여울문화마을과 해돋이마을 등이 모두 산복도로를 통해 마을 안팎이 연결돼 있다. 산복도로에 있는 마을 대부분 산허리에 뿌리내려 전경이 탁 트여 있다. 호천마을도 그렇다. 부산항이 한눈에 내려다보이는 아름다운 모습을 자랑한다.

호랑이 벽화를 뒤로한 채 2차선 도로를 건너면 호천마을의 하나뿐인 슈퍼인 '백용슈퍼'가 반긴다. 이곳 버스정류장 이름을 호천마을 입구가 아니라 '백용슈퍼 앞'이라고 해도 될 정도다. 아주 오래전부터 마을 정류장 앞에 있었던 백용슈퍼 왼쪽으로 고개를 빼꼼 내밀면 바로 180계단이 등장한다.

가파른 계단 경사 탓에 예전에는 발을 헛디뎌 다친 사람도 많았고, 심지어 사망자가 나오는 경우도 비일비재했다고 한다. 35년 전, 180계단 바로 옆에 이사 오셨다는 한 어머님에겐 이런 이야기도 들었다.

“예전에 시어머니가 시장에서 장을 보고 귀가하시다가 집 앞 계단에서 비닐이 뜯어졌는데, 장 본 물건들이 계단 끝까지 굴러떨어진기라. 맨 아래까지 내려가서 대신 주워오느라 무릎이 쑤셨던 게 아직도 생생해.”

어머님의 남편은 계단을 오르다 발을 헛디뎌 머리를 찧고 손목을 다친 적도 있다고 한다.

산복도로는 이런 180계단이 수두룩하다. 산허리를 따라 층층이 자리 잡은 집들을 위아래로 연결하기 위해 많은 계단이 필요했을 테다. 평평한 길 대신 마을 구석구석을 연결하는 건 계단이다. 그래서 여기는 길이 곧 계단이요, 계단이 바로 길이다. 계단 많은 산복도로 마을 중에서도 호천마을은 다른 마을보다 어마어마한 수의 계단을 자랑한다.

산복도로 큰길가에서 빨래방으로 오는 길은 두 갈래다. 첫 번째 길은 계단 180개(정확히는 192개)가 위용을 자랑한다. 180개의 비탈진 계단. 이 계단은 가파르지만 그나마 잡을 수 있는 난간이 있다. 난간을 잡고 100번째쯤 되는 계단을 내려

가면 한 번 쉴 수 있는 공간이 있다. 잠깐 숨을 돌린 뒤 우회전을 해서 200미터정도 길을 걸으면 우리의 목적지, 빨래방이 나타난다. 나머지 길은 그나마 계단 수가 덜하다. 63개의 계단을 내려오면 나지막한 계단들이 쌓인 내리막길이 보인다. 내리막을 걷다 보이는 왼쪽 두 번째 골목을 지나면 길 왼쪽으로 주황색 외벽의 공간이 등장한다. 큰길에서 찾아오기에는 위치가 좋지 않지만 윗마을 어머님, 아랫마을 어머님, 건넛마을 입구 어머님이 모이기에는 안성맞춤이다. 빨래방에서 만나 안부를 묻고 안부를 전한다.

계단과 바로 붙은 덕분에 빨래방에 앉아서도 문밖의 인기척을 바로 느낄 수 있다. 옹기종기 붙은 집들을 지나 여러 계단을 넘어온 어머님, 아버님의 거친 숨소리가 기다리던 손님의 입장을 알린다.

어머님이 나이키를 만들었다고요?

김준용

"어머님 오셨습니까? 오늘은 뭐 이리 바리바리 무겁습니까?"

빨래방 단골 현덕순 님이 양손 가득 빨랫감을 지고도 건강한 발걸음으로 빨래방 문을 열었다.

"다음 주에 손주 온다고 해서 이불 좀 빨아 놓으려고."

"손주 오니까 기분 좋으시겠습니다. 그런데 길도 험한데 이렇게 무겁게 들고 오시면 안 힘드십니까?"

"아이고, 뭔 소리 하노, 이 정도면 편하지. 옛날에는 여기 버스 다니는 길이 다 흙길이었어."

"아, 진짜요? 어머님 그럼 옛날에 여기서 흙길 걸어 신발공장까지 다니신 겁니까?"

무려 반세기 전, 산복도로에는 신발공장에 출근하는 '신발쟁이'들로 밤낮없이 북적였다고 한다. 빨래방 운영 초기 "어머님 젊었을 때 무슨 일하셨어요?"라고 물어보던 질문은 어느덧 "어머님, 어디 신발공장 다니셨어요?"로 바뀌었다. 그만큼 빨래방을 찾는 70대 어머님들 중에는 당대 최고의 기술자가 여럿이다. 삼화고무 공장에서 최고의 '창쟁이'로 통했던 현덕순 님도 그중 한 명이다.

빨래를 돌리는 동안, 믹스커피 한 잔 타 드리고 어머님의 이야기에 귀를 기울인다.

현덕순 님은 가족 세 명이서 산복도로 단칸방에 터를 잡았다. 처음부터 신발공장에서 일을 했던 건 아니었다.

"몰라, 희한하게 자꾸 식구가 늘어가는기라. 처음에는 시어머니, 시아버지랑 같이 살았지. 남편이 셋째 아들인데 그다음에는 둘째 시숙의 딸 둘까지 우리 집에 살았어. 한 열 명 살았지."

"열 명이나요? 집이 컸습니까? 그럼 돈은 누가 벌고 어찌합니까?”

“이거 큰일 났다 싶더라고. 식구들 입에 풀칠이라도 하려면 뭐라도 해야겠다 싶은데 뭘 해야 할지는 모르겠고. 그때 신발공장이 눈에 들어왔어.”

당시 부산에는 국제상사, 태화고무, 삼화고무, 동양산업, 진양화학 등 규모가 큰 신발공장이 모여 있었다. 나이키, 리복 같은 해외 브랜드 신발이 공장에서 만들어져 수출됐다.

집에서 5분 거리의 삼화고무 공장으로 출근하기 시작했다.

현덕순 님은 삼화고무에서 ‘창쟁이’로 통했다.

“처음에 들어가서는 신발 끈 묶고 이런 거 했어. 근데 신발창 붙이는 창쟁이가 돈을 제일 많이 벌었거든. 쟁이들은 다른 사람보다 돈을 더 벌었어. 창쟁이나 뺀칠(본드질)하는 뺀쟁이, 대프질(테이프 붙이기)하는 대프쟁이가.”

“그럼 어찌하다가 창쟁이가 됐습니까? 승진한 겁니까?”

시간이 지나고 자연스레 하는 일이 바뀌었을 것이라고 생각하고 무심결에 질문하자 ‘너희는 아무것도 모른다’는 표정으로 고개를 절레절레 내저으셨다.

"점심시간만 되면 남들 밥 먹으러 간 사이에 창 붙이는 기계 앞에서 몰래 연습했잖아. 누가 가르쳐 주는 것도 아니니 눈치 보며 스스로 했지. 하루는 조장이 '뭐 합니꺼?' 물어보더라고. 모른 체하면서 말했지. '창 잘 붙이죠? 나도 이거 시켜 주이소.' 그렇게 해서 창쟁이가 된 거야. 지금 애들 신고 다니는 나이키 있잖아? 그것도 옛날엔 다 내가 만들었지."

"어머님이 나이키를 만드셨다고요?"

이름만 들었던 나이키를 만든 여공. 역사책에서 나이키를 부산에서 만들었다는 이야기를 들어본 적은 있지만 그 주인공이 현덕순 님일 것이라고는 상상하지 못했다. 점점 그 옛날이야기에 빠져들었다. 영화 〈국제시장〉이 따로 없었다.

현덕순 님은 23살의 어린 나이에 만난 외국인 바이어에 대해 생생히 기억했다. 처음에는 '바이어'가 무슨 말인지도 몰랐다. 바다 건너 귀한 분이 온다고만 들었다. 바로 옆에서 신발창을 붙이던 언니가 "오늘 공쳤네"라면서 투덜거릴 때도 무슨 말인지 몰랐다.

"이상하게 컨베이어 벨트가 느려지고 작업할 신발이 안 와.

근데 키가 멀대같이 크고 피부가 허연 외국인이 들어오더라고. 벨트에 신발이 차라락 돌고 있는데 갑자기 빨간 스티커를 붙이는기라. 실밥이 튀어나왔거나 때가 좀 탄 것 같으면 여지없이 빨간 딱지가 붙는데 속상하더라고. 바이어만 왔다 가면 다 집합을 해서 혼이 났어."

현덕순 님은 당시를 회상하며 목소리를 높였다. 바이어가 붙인 빨간 스티커는 불량을 의미하는 스티커였다.

"신발공장 그만둔 뒤로 아직도 '나이키'를 안 신는다카이. 그때 시달린 기억이 너무 남아 가지고. 나 포함해서 30명이서 하루에 신발 800족을 만들어야 했어. 근데 바이어 온다고 컨베이어 벨트 천천히 돌렸제, 불량 딱지 받은 신발은 전부 뜯어내서 다시 만들어야 하제. 평소 800족 만들 시간에 600족밖에 못 만드는기라. 그러면 그날은 저녁 8시든 9시든 할당량 다 채우기 전까지는 퇴근을 못해. 나중 되니까 여공들끼리 '그놈의 바이어 좀 오지 마라 캐라' 했다니까."

매달 10일은 월급날이었다. 20만 원 넘는 월급에 남편 월급을 보태서 쌀 한 가마, 보리쌀 열 되, 연탄 100장을 사고 집에 들어갈 때면 그야말로 부자가 된 기분이었다.

"월급날 공장 입구는 시골 오일장 저리 가라였지. 교통부(현재 범곡사거리)에는 과일, 찌짐, 떡볶이 파는 장사꾼부터 술값 외상 돌려받으려고 진을 친 식당 주인들로 북적북적했어. 주말에는 쇼 보러 보림극장에 온 젊은이들도 많았지. 당시엔 거기서 버스 타면 해운대든 서면이든 어디든 갈 수 있어서 교통 편하다고 교통부라고 불렀거든. 우리 시엄니가 좋아하시는 막걸리까지 사 가지고 가면 어찌나 기분이 좋던지."

현덕순 님은 5년간 신발공장을 다니다 일을 그만뒀다. 그로부터 10년 뒤 신발공장은 하나둘 문을 닫고, 사라진 신발공장 자리에는 아파트가 들어섰다. 현덕순 님은 지금도 그때 그 기술로 신발창을 붙여 납품하는 일을 집에서 부업 삼아 하고 있다.

"공장 다닐 때는 열 명 가까운 식구 먹여 살리며 '내 업이다' 하며 버텼지. 근데 공장 나온 뒤에도 어찌 하다 보니 마을에서 같이 밤도 까고, 쓰레빠 깔창 붙이고 살면서 정이 붙어 버렸어. 지금은 살 만해졌는데도 여기가 좋아. 아마 앞으로도 여기서 쭉 살지 싶어."

오늘날의 부산과 대한민국을 만든 산업화 시대. 그 속에는 묵묵히 자신의 삶을 '업'이라 생각하고 버텨 낸 여공들의 삶이 있었다. 긴 세월이 지났지만 이들의 피땀은 사라지지 않고 산복도로 어귀에서 여전히 살아 숨 쉬고 있다. 우리가 산복도로에서 만나고 싶었던 살아 있는 이야기 한 조각을 찾은 기분이었다.

영상으로 만나는 산복빨래방

당신이 몰랐던 부산,
그리고 신발공장

빨래는 타이밍이 중요해

김준용

최신 성능을 자랑하는 세탁기 두 대와 건조기 두 대. 앉아서 빨래를 기다릴 수 있는 편안한 소파. 듬뿍 들어온 햇살이 아늑함과 포근함으로 휘감은 공간. 규모는 작아도 도시의 코인 빨래방과 견주어도 없는 것이 없는 산복빨래방. 물론 이런 안정을 찾기까지 말 못 할 시행착오를 겪었다.

2022년 5월 빨래방을 열며 처음 한 생각은 '빨래방을 하면 참 행복할 것 같다'였다. 회사와 떨어져 빨래방이라는 아지트에서 하루하루를 보내면 얼마나 행복할까? 기자 생활을 하며 항상 꿈꿔 왔던 공간이 '아지트'다. 나는 사회부에서 기자 생활을 처음 시작했다. 흔히들 사회부 기자들이 가장 많이 가는 공간은 경찰서, 구청 같은 출입처라고 생각하는데 그렇지 않다. 정답은 다름 아닌 카페다. 제보자를 만나거나 현장에서 급히 기사를 보낼 때 콘센트를 갈구하며 카페로 향한다. 하루에 여러 잔의 커피를 마시는 건 기본이다.

그런 점에서 산복빨래방은 산복도로의 이야기를 차분히 정리하고 기록하는 공간이었으면 했다. 어르신들이 자식에게, 손자에게 옛날이야기를 들려주듯 편안하고 안락한 분위기. 빨래방에선 언제나 타임머신을 탄 듯이 옛날로 떠나는 상상을 했다.

개인적으로도 빨래방이라는 아지트에 편안히 앉아 취재원을 기다리고, 나만의 공간에서 취재하는 현실은 꽤 낭만적일 것 같았다. 쾌적한 산 공기를 마시며 어르신들의 이야기를 듣고 정리하는 일은 매우 간단해 보이기까지 했다. 빨래 고수에게 빨래 요령도 배워 왔겠다, 실제 빨래는 세탁기와 건조기가 할 테니 걱정도 없었다.

낭만은 빨래방 개업 며칠 만에 무너졌다. 직원이 네 명이나 있지만 손이 부족할 만큼 일이 많았다. 회사 생활만 수년간 경험했지 가게를 꾸리는 건 처음이었던 우리는 많은 것을 놓치고 있었다.

8년간 회사를 다니면서 내 자리 이외의 장소를 청소해 본 적은 없었는데, 매일 아침 바닥을 쓸고 닦는 일상이 시작됐다. 이 작은 빨래방 구석구석 청소할 곳은 어찌나 많은지. 게다가 볕 잘 들어오는 빨래방은 여름에 덥고 가을에도 더웠다. 더위 때문에 아침 청소만으로 기진맥진할 지경이었다.

게다가 어르신들의 시계는 우리보다 몇 시간이 빠르다. 어머님, 아버님들은 오전에 대부분 빨랫감을 맡긴다. 여덟 시간을 운영하며 하루에 할 수 있는 빨래는 고작 서너 개 정도다. 빨래 하나에 평균 두세 시간이 걸리니만큼, 세탁기와 건조기의 타이밍은 '운영상' 매우 중요하다. 세탁기가 다 돌아갔는데 건조기가 이전 빨래를 돌리고 있다면 타이밍이 어긋난다. 시기를 잘 맞추면 하루에 할 수 있는 빨래는 네 개, 타이밍이 맞지 않으면 할 수 있는 빨래는 세 개다. 그냥 세탁기, 건조기만 돌리는 게 무슨 노동인지 빨래방을 하기 전에는 몰랐다.

빨래만으로도 정신 없는 하루하루가 지났다. 그러나 진짜 빨래만 하느라 우리의 주 목적을 놓칠 수는 없는 일이다. 빨래를 맡기러 오셨을 때나, 또는 찾으러 오셨을 때 적절한 눈치로 어머님, 아버님들과 대화의 물꼬를 터야 한다. 이것도 빨래만큼이나 타이밍이 중요하다. 잠깐만 정신을 빼앗겨도 바쁜 손님은 이미 빨랫감을 들고 떠날지도 모른다. 자연스레 소파에 앉으실 수 있도록 유도하고 이야기를 나누고 나면, 정말이지 하루가 이렇게 짧을 수 없다. 운영이 능숙해지고 빨래방이 목표한 아지트가 되기까지는 예상보다 더 긴 시간이 필요했다.

불편한 빨래방

김준용

산복빨래방에는 많은 불편한 점과 단점이 있다. 간판에 적힌 약속 시간을 지키지 못하는 '거짓말쟁이 빨래방'이기도 하다. 영업시간을 써 둔 입간판 뒤에는 '당일 세탁, 당일 건조'라는, 어느 코인 세탁방에서나 실현 가능한 슬로건이 걸려 있다. 하지만 당일 세탁, 당일 건조를 해 간 고객은 많지 않다. 아마 개업 첫날 빨래를 맡긴 네 명의 손님을 제외하고 단 한 번도 당일 세탁, 당일 건조에 성공한 적이 없을 것이다. 앞서 들어온 빨래를 다 하기도 전에 새로운 빨랫감이 항상 쌓였기 때문이다.

어머님, 아버님들은 빨래를 맡기며 항상 묻는다.

"언제 찾으러 오면 되노?"
"한 3일은 걸리지 싶은데요."
드라이클리닝도 아닌데 3일이라니! 말하면서도 마음이 무겁다. 어머님, 아버님이 빨래방까지 얼마나 많은 계단과 오르막길을 넘어야 하는지 알기에 '빨리 해 드릴게요', '내일 한번 와 보세요' 같은 무책임한 말을 할 수는 없다.
그런데 3일이라는 대답에 어느 한 분도 왜 오래 걸리는지 묻거나 화를 내지 않는다. 빨래방에 켜켜이 쌓인 보자기, 가방 속 이불들을 보며 다른 방향으로 역정을 낸다.
"애들 고생시키려고 뭐 이리 많이 갖다 놨어. 어휴."
"난 다음부터 빨래는 안 가져와야겠다. 좀 쉬어야지."
"맨날 갖다 주면 고생하잖아."
도리어 빨래방 직원들이 고생할까 봐 빨래방에 빨래를 가져오지 않겠다는 선언까지!
이 불편한 빨래방에는 가게 연락처도 없다. 어느 가게든 연락처가 있기 마련이지만 빨래방은 전화기를 따로 두지 않았다. 평균 연령 70세가 넘는 어르신들이 주요 고객인 산동네 빨래방이지만 배달도 하지 않는다.

"아이고, 산복빨래방은 배짱 장사여. 배달도 안 하고 전화기도 없어. 근데 우찌 사람이 많이 올까. 하하하하."

단골 어머님의 말이 의도치 않게 우리를 꼬집는다.

사실, 가게 연락처는 있었다. 처음에는 사장인 내 휴대전화 번호를 공개했다. 개업 전부터 많은 전화가 왔다. 아마 동네에 처음으로 빨래방이 생긴 것에 대한 호기심이었을 테다. 세탁기가 몇 킬로그램인지, 직원이 몇 명인지, 카펫 세탁도 가능한지, 세제를 들고 가야 하는지 등 다양한 질문이 쏟아졌다. 살림 좀 살아 본 어머님들의 꼼꼼한 질문 폭격에 처음엔 크게 당황했다. 빨래방이 정식 영업을 시작하고 며칠 뒤에는 빨래 현황을 파악하는 어머님들의 쏟아지는 전화에 정신을 차릴 수 없었다.

"지금 빨래 많이 밀렸어요?"

"지금 맡기면 언제 찾아가요?"

우리는 전화 응대를 멈추기로 했다. 계단을 걸어 힘겹게 찾아온 어머님이 끝끝내 빨래를 맡기지 못하고 돌아가는 일이 생길 수 있기 때문이었다.

또 전화 예약, 전화 문의를 받는 건 우리가 빨래방을 연 취지와도 맞지 않았다. 빨래방이지만 빨래가 가장 우선은 아닌 곳. 좀 이상해도 그게 산복빨래방이었다.

처음엔 "전화번호 좀 알려 줘"라고 하던 분들도 어느새 우리의 '불편함'을 이해했다.

"그래, 맞다. 여기는 사람이 와서 떠들어야 빨래하는 이유가 있는 건데, 전화하고 빨래만 해 가고 그라믄 안 된다."

"거리 얼마 된다고, 와 보면 되지."

빨래방의 특이한 시스템은 전화에서 그치지 않는다.

"어머님 성함이 어떻게 되세요?"

빨래방에서는 모두가 이름을 적는다. 빨래방 중앙 화이트보드에는 빨랫감 종류와 이름이 줄줄이 나열되어 있다. 편한 풍경은 아니다. 회원 카드로 바코드를 찍고, 개인정보의 비공개가 당연한 현대 사회에서는 말이다. "아이고 조경자 언니도 빨래를 맡겼네. 아직 안 찾아갔나? 내가 갖다 줄까?" 같은 대화가 일상이다.

그런 불편함에도 우리는 어머님의 이름을 묻고 하나하나 손글씨로 적었다. 한평생 아들, 딸 이름을 붙인 'OO 엄마'라는 호칭에 익숙했을 어머님들의 이름을 직접 불러드리고 싶었다. 그리고 빨랫감을 구분하기 위해서도 이름은 필요하다. 어머님들은 똑같은 황금색 보자기에 빨랫감을 싸 오는 경우가 많아서 보자기 색깔만으로는 주인이 헷갈리기 일쑤였기 때문이다.

이외에 우리가 눈치채지 못한 불편함이 있었을 텐데도 손님들의 발길은 끊이지 않았다. 거기엔 다 우릴 이해하고 배려해주신 주민들의 마음이 담겨 있었다. 덕분에 산복빨래방 직원들은 마음 편히 어머님, 아버님과 웃고 떠들며 빨래방에서 하루를 보낼 수 있었다.

목욕탕이 될 뻔했던 빨래방

이상배

산복도로에 빨래방 시설이 아예 없었던 건 아니다. 부산의 한 지자체는 2016년 산복도로에 5천여만 원을 들여 '빨래방 카페'를 연 적이 있다. 15킬로그램 드럼 세탁기 두 대를 놔두고 500원짜리 동전 두 개를 넣으면 이용할 수 있었다. 테이블과 의자도 있어 빨래가 다 되는 동안 커피를 마시며 기다릴 수 있었다. 영락없이 도심에 있는 '코인 세탁소'의 모습이었다.

하지만 이런 산복도로의 빨래방은 오래가지 못했다. 홍보도 제대로 되지 않았고, 주민들의 발길은 끊어진 지 오래였다. 결국 파리만 날리니, '운영해 봤자 돈이 안 된다'는 이유로 주민들도 시설을 떠맡는 걸 손사래 쳤다.
분명 이런 시설들은 주민을 위해 만들어졌다. 하지만 결국 주민이 찾지 않는 허울뿐인 시설로 전락했다. 주민에게 무엇이 필요한지 묻지 않았고, 그들이 필요한 걸 지레짐작했기 때문이다.
우리는 우리 취재가 주민들 삶에 도움이 되길 바랐다. 내 삶터에 낯선 누군가가 수개월 함께 산다는 것은 그리 유쾌한 일이 아닐지 모른다. 우리는 '관찰자'가 아닌, 마을에 도움을 주는 사람이 돼야 했다.
그래, 시설을 만들자. 그것도 주민 삶에 진짜 도움이 되는 걸로. 우리가 주민을 일일이 찾아다니는 게 아니라, 마을의 새로운 사랑방 역할을 하며 사람과 이야기를 모으자. 우리가 그 사랑방에 직접 머무르며 주민들을 환영하자는 결론이 오늘날 산복빨래방으로 완성됐다.
처음엔 어떤 시설을 만들어야 할지에 대한 고민이 자연스레 뒤따라왔다. 여러 도시재생 전문가를 찾아가 봤지만 뾰족한 수는 없었다. 가장 먼저 떠오른 건 역시 '카페'다. 현대인의 거

실이라는 말처럼, 누구나 올 수 있는 사랑방 역할을 할 수 있지 않을까. 커피를 내려 드리고, 마시며 이야기를 나눌 수 있을 거라고 생각했다.

하지만 주민들이 원하는 게 정말 커피일까? 산복도로는 경사진 지형 특성 탓에 생활 환경이 열악하다. 어르신도 커피를 좋아하시는 게 당연하지만, 그보다 더 필요한 것이 있을 게 분명했다.

고민하던 중 코로나 때문에 목욕탕이 문을 닫자 어르신들이 불편함을 겪는다는 기사를 봤다. 환경이 열악한 지역일수록 제대로 된 수도 시설이 없어, 집 대신 목욕탕을 이용하는 분이 많다는 내용이었다. 그러고 보니 나도 어릴 때 산복도로 빌라 아래 목욕탕에 자주 갔던 기억이 났다. 꽤 솔깃했다.

하지만 우리는 목욕탕을 할 수 없었다. 촬영을 해야 하기 때문이다. 우리는 어머님, 아버님의 생생한 이야기를 듣고, 촬영하고, 이를 가공해 기사와 영상으로 만들어야 한다. 목욕탕 또한 온 동네 사람들이 모여 이야기꽃을 피우는 곳이지만, 개개인의 이야기를 듣고 촬영할 장소로 목욕탕이라니! 게다가 코로나19 상황도 고려해야 했다. 복지 시설을 만들어야 하는 입장이거나 행정 기관의 담당자였다면 목욕탕을 선택했을지도 모르는 일이다. 빨래방만큼이나 주민에게 필요한 시설이니까.

우리가 주민에게 도움이 되는 시설을 만들고자 하는 결심에는 또 다른 이유가 있다. 그동안 지켜본 '도시재생 1번지 부산'의 모습 때문이다.

도시재생이란 무엇일까. 본뜻은 상대적으로 낙후된 기존 도시 지역에 새로운 기능을 도입해, 경제적·사회적·물리적으로 부흥시키는 도시 사업을 뜻한다. 1950년대 한국전쟁 당시 피난민이 몰리며 형성된 산복도로는 부산의 '도시재생' 대상지로 늘 가장 먼저 손꼽혔다.

가장 유명한 산복도로 마을이 감천문화마을이다. 2020년부터 '한국인이 꼭 가 봐야 할 한국관광 100선'에 빠지지 않고 등장하는 전국구 관광지이기도 하다. 알록달록한 단독주택이 언덕을 따라 줄 서 있는 특이한 모습으로 모두의 눈을 사로잡는다. 흰여울문화마을도 빠뜨릴 수 없다. 부산 영도 해안

절벽을 따라 오밀조밀 모인 집들이 매력적인 장관을 뽐낸다. 두 산복도로 마을의 공통점은 대규모 도시재생 사업을 거쳐 부산 대표 관광지로 거듭났다는 것이다. 여러 도시재생 시설이 들어서고 마을도 깔끔해졌지만 정작 주민들은 지나친 외부인과 관광객 유입으로 몸살을 앓고 있다.

내가 부산일보에 입사했을 때 가장 먼저 들어간 곳은 사회부였다. 거기서도 일명 '사쓰마와리'에 속했다. '사쓰마와리'는 '경찰서(사쓰)를 돌다(마와리)'라는 뜻의 일본어로, 경찰팀과 지자체를 출입하는 기자를 말한다. 일선에서 가장 지역 일을 다루는 부서다. 불이 나면 가장 먼저 뛰어가고, 구청의 동네 기사를 쓴다. 언론사에서도 사회의 가장 뜨거운 현장과 밀착해 있는 팀인 셈이다.

그곳에 있을 때 다양한 지자체를 출입하면서 도시재생을 취재한 적이 있다. 한 구청에서는 뜬금없이 지역에서 난 온천수로 화장수를 만들어 판매에 나선다고 했다. 조금 의아했다. 이 같은 노력이 아무 소용이 없다거나, 무작정 잘못됐다고 생각하지는 않는다. 온천수가 잘 팔리면 지역 주민에게 도움이 될지도 모른다. 하지만 낙후된 지역 주민에게는 이런 노력들이 당장 필요한 결핍을 해결해 줄 수 있을까? 이런 고민은 산복빨래방이 들어설 부산 호천마을에서도 반복됐다.

결국 진짜 주민이 원하는 걸 알아내지 못하면 발길은 끊어진다. 규모가 크다고 해서 성공하는 것은 아니다. 주민들이 원하는 것을 꽉 채워 넣은 작지만 강한 시설이 필요하다.

도시재생 사업 너머 우리가 배운 원칙은 빨래방 문을 여는 그날까지 이정표가 됐다. 진짜 주민들이 원하는 것에 집중하니 빨래방에는 우리가 내심 의도했던 산복도로의 이야기도 쌓여 갔다.

두 발로 뛰는 홍보!

김준용

가게를 오픈하는 자영업자에게 가장 고민되고 중요한 건 첫째도 홍보요, 둘째도 홍보다. 새 가게가 문을 열었다고 최대한 널리 알려야 하고, 소위 '개업빨'이 끝난 후로도 계속 손님 발길이 끊이지 않게 하려면 무엇보다 홍보가 중요하다. 다행히 산복빨래방은 시작부터 꽤 순조로웠지만, 개업 전만 해도 사실 가장 막막한 게 홍보였다.

산복빨래방이 위치한 호천마을은 다닥다닥 붙은 비슷하게 생긴 집들 사이로 골목이 미로같이 뻗어 있어 우리 빨래방이 어디라고 설명할 방법이 없었다. 아파트처럼 안내방송이 있는 것도 아니고 평균 연령 70세가 넘는 마을에 SNS 홍보도 불가능했다. 가가호호 방문해 인사를 드리고 빨래방을 하게 됐다고 알리기에는 어디부터 어디까지 방문해야 할지를 가늠할 수도, 엄두도 나지 않았다.

"마을분들이 카카오톡을 하시려나요?"

"카카오톡을 하신다 해도 몇 명만 하시지 않을까요?"

논의 끝에 우리는 빨래방을 상징하는 색깔, 주황색 배경에 큰 글씨로 전단을 만들었다. 몸은 힘들 것 같았지만 이 방법이 유일했다. '직접 발로 뛰기'.

버스정류장이 있는 백용슈퍼부터 빨래방까지 닿는 두 갈래의 계단 길 집집마다 전단을 꽂았다. 네 시간가량이 걸렸다. 전단을 꽂으며 거리에서 만나는 주민들에게도 빨래방을 홍보했다.

"어머님, 저희 여기 밑에서 빨래방 하려는데 나중에 한 번 와 주세요."

"빨래? 비싼 거 아이가?"

"아입니다. 공짜로 예쁘게 세탁해 드릴게요."

"공짜로 한다고?"

PPT도 만들어 주민 30명 앞에서 그럴듯하게 설명회도 가졌다. 적은 예산이었지만 오렌지 주스에 과자도 마련했다. 어머님, 아버님들의 반응은 생각보다 뜨거웠다.

“근데 총각들이 왜 굳이 여기서 빨래방을 하는교?”

예상치 못한 질문이었다. 산복도로 많은 마을 중 왜 호천마을인지. 그러나 답은 준비한 듯 자연스레 나왔다.

“호천마을 어머님들이 젤 미인이시고 젤 아름다우셔서 이 마을에서 꼭 해야겠다고 생각했어요.”

박수가 터져 나왔다. 다음 질문은 세탁 가능한 빨랫감의 종류였다. 하지만 빨래에 대해 상세한 계획이나 매뉴얼까지 세워 두진 않았기에 쉽사리 대답할 수 없었다. 허술한 운영방식이 드러날 참이었다. 때마침 상배 기자가 넉살 좋게 대답했다.

“안 되는 것 빼곤 다 됩니다. 일단 다 들고 오세요. 어떻게든 해드릴게요.”

사실 기자의 기본 소양은 넉살이다. 어디서든 잘 듣고 잘 말하고 잘 모르는 것도 가끔은 아는 척 넘겨짚어야 원활한 대화가 가능하기 때문이다. 우리에게 장착된 능력은 그 순간

빛을 발했다.

마을 에어로빅 교실에도 전단을 들고 찾았다. 마을에서는 화요일, 목요일 마을 광장에서 '100세 실버 건강 체조'라는 이름으로 에어로빅 교실이 열린다. 마을 주민들이 대거 모이는 에어로빅 교실은 우리에게 절호의 기회였다. 어머님들은 무작정 찾아간 우리를 경계하지 않았다. 도리어 젊은 사람들이 왔다고 반기며 다짜고짜 에어로빅을 시켰다.

그날부터 우리는 매주 화요일과 목요일마다 에어로빅 교실에서 몸을 흔들었다. 세 번째로 에어로빅 교실을 찾았을 때 에어로빅 교실 회장님이 단상으로 우리를 불렀다.

'지성이면 감천이구나!'

그런데 어쩐지 회장님 낯이 익었다. 우리가 빨래방 장소를 물색하며 처음 호천마을에 왔을 때 마을 경로당 앞에서 만난 어머님이었다.

"이래 애쓰는데 도와줄 건 없고 시간 줄 테니까 크게 홍보 한번 해."

회장님은 카리스마로 다른 어머님들을 휘어잡았다.

"이 총각들을 내가 2월에 우리 경로당 앞에서 봤거든. 빨래방을 연다카더라고. 진짜 할란가 봅니다. 말이나 한번 들어보입시다."

"위치가 어딘교?"

"저 그 있다 아입니까. 큰 계단 내려서 왼쪽 골목으로 들어가면 있는 2층짜리 건물."

염려했던 문제가 찾아오고야 말았다. 큰 건물도 없고 큰 아파트 상가도 아닌 우리 빨래방의 위치를 어떻게 설명하지? '호천마을 방재공원 입구 인근'이라고 설명해도 어르신들은 잘 이해하지 못했다. 급한 마음에 '엄광로 13-7'이라고 말하기도 했지만 분위기는 오히려 냉랭해졌다.

"그래 말하면 우리가 아나."

특단의 조치가 필요했다. 화살표 그림을 인쇄하고 코팅을 한 뒤 마을 곳곳 빨래방으로 향하는 길에 붙였다. 처음 화살표를 붙일 때는 오밀조밀 집이 모인 동네다 보니 어떤 벽이든 아무개 집 담벼락일 때가 많아 함부로 붙여도 될지 걱정이 앞섰다. 우리는 길목에 있는 집집마다 문을 두드렸다. 빨래방을 아는 어르신이든 모르는 어르신이든 빨래방 취지를 듣고는 흔쾌히 화살표를 붙여도 괜찮다고 하셨다. 오히려 "거기 붙여서 잘 보이겠냐"라며 집 앞 큰 화분을 내어 붙이게 해 준 분도 있었다.

화살표는 주민이든 방문객이든 빨래방을 찾는 누구나 내비게이션보다 쉽고 정확하게 빨래방을 찾을 수 있게 도와주었다. 어느덧 마을 주민에게는 화살표가 필요하지 않을 만큼 빨래방이 익숙해졌을 때쯤, 빨래방 단골 어머님들은 주민들에게 우리보다 더 자세하고 정확하게 위치를 설명했다.

"그 있잖아. 곽 할매 옛날 집. 정남이하고 순엽이하고 살았던 방 있잖아."

이렇게 설명하면 모두가 한 번에 빨래방 위치를 기억했다. 누가 살았던 집으로 위치를 알아챌 만큼 서로가 서로를 잘 아는 마을이었다.

개업식 날엔 우리를 알리는 부산일보 신문과 개업 떡, 개업 선물로 수건까지 준비했다. 아무도 안 오면 어쩌나 긴장되는 마음도 잠시, 6평 남짓한 빨래방은 금세 복작복작해졌다. 두 시간 넘게 이어진 개업식에 무려 140명이 다녀갔다. 마을 잔치를 벌여도 이 정도 규모로는 잘 모이지 않는다고 했다. 역시 기자든, 빨래방 사장이든 두 발로 땀 흘려 뛴 노력은 우리를 배신하지 않는다.

아메리 한 잔 주라

김준용

빨래방을 만들기 전부터 마을 주민들이 즐겨 찾던 사랑방이 있다. 87번 시내버스가 서는 마을 어귀 카페 '노란호랭이'다. 처음 호천마을에 온 우리가 이곳에 적응하고, 마을 어르신들을 어떻게 대하면 좋을지 그 방법을 배운 곳이기도 하다. 이 마을 카페에서 고객 응대를 벤치마킹했다.

누가 카페 없이 못 사는 기자 아니랄까 봐, 우리는 매일같이 커피 갈증에 시달렸다. 마을에서 믹스커피 말고 까만 아메리카노를 마시는 건 쉽지 않았다. 하지만 쉽게 포기할 수 없는 법! 우리는 점심시간 마을 주변 카페를 물색했다. 그때 저 멀리 노란 건물이 눈에 들어왔다. 우리가 매일 내리는 백용슈퍼 버스 정류장에서 한 정거장 앞인 안창마을 입구 정거장, 그 앞에 자리한 샛노란 건물. 빨래방 앞치마를 입은 채로 달려가 소리쳤다.

"와, 여기 아메리카노 있다!"

"저기 밑에 빨래방 분들 맞으시죠?"

한눈에 우리를 알아보고 반기는 카페 사장님에게 커피를 주문하고 카페를 유심히 관찰했다. '아메리카노 2000원, 스무디 3500원' 도시 카페 메뉴판과 크게 다르지 않았다. 눈에 띄게 다른 점이라면 흔히 카페에서 들을 수 있는 최신 가요 대신 트로트, 7080 메들리가 흘러나오고 있던 거랄까?

"사장님, 이 동네분들도 아메리카노를 먹어요?"

"그럼요, 요새는 어머님, 아버님들도 믹스커피 말고 아메리 달라고 해요."

손님이 하나둘 오자 사장님은 "어머니 찬 거? 따뜻한 거? 달달한 거? 약간 쓴 거? 커피 들어간 거? 안 들어간 거?"라며 스무고개를 시작했다.

"기남아, 커피 한 잔 주라."

사장님 이름인 '기남'을 자연스레 부르는 손님도 있었다. 손님 얼굴을 확인한 사장님은 아이스 라테에 시럽을 조금만 추가한 '특제 커피'를 내놓았다. 당뇨가 지병인 아버님의 몸 상태를 고려한 맞춤 커피다. 오후 2시 이후에는 어머님, 아버님들에게 커피를 잘 권하지 않는다고 했다. 혹여나 커피 때문에 밤잠을 설칠까 하는 생각에서다.

어떻게 이렇게 어르신들을 배려할 수 있는 걸까 싶어 사장님과 이야기를 나누다 보니, 사장님만 일방적으로 어르신들을 챙기는 것이 아니었다.

"그냥 한 분 두 분, 문을 열고 들어오는 어머님, 아버님들과 이야기하다 보면 위로받아요. 하루하루가 명절 같아요. 자식들한테 못 하는 이야기도 저한테는 하시거든요. 덩달아 저도 제 속마음을 그분들께 털어놓고 있어요. 먹을 것도 가져다주고 밥 먹었느냐고 물어봐 주시고, 이런 데가 어디에 있나 싶어요. 머지않아 제 말을 이해하게 될 거예요."

그리고 놀랍게도 사장님의 예상은 적중했다. 빨래방에 올 때면 밥 먹었냐, 주말에 뭐 했냐고 물으며 우리를 먼저 안아 주시는 마을 어르신들 덕분에 오히려 우리가 위로 받고, 격려 받는 나날이 이어졌다.

노란호랭이 카페 사장님은 우리와 마을을 바라보는 생각도 비슷했다. 마을이 밝아졌으면 하는 마음에 카페를 직접 노란색으로 색칠했고 손님들을 어머님, 아버님이라고 불렀다. 카페 앞에는 버스를 기다릴 때 편히 앉았다 쉬어 갈 수 있는 자리를 마련해 두었다. 꼭 음료를 사지 않아도 더운 날에는 에어컨 바람 쐬고 가실 수 있게 자리를 내어 드리고 추운 날에는 따뜻한 실내로 모셨다. 주민들이 머뭇거릴 때면 더 살갑게 "어머님, 머리하셨네요?", "아버님, 주말에는 뭐 하셨어요?" 말을 건네기도 했다. 손님 응대를 고민하던 우리에게 사장님은 행동으로 정답을 보여 줬다. 사장님의 말대로 빨래방에도 하루하루 명절 같은 나날들이 펼쳐졌다.

마을을 휩쓴 무시무시한 소문

김준용

빨래방이 문을 열고 한 달 차에 접어들 무렵 마을에 흉흉한 소문이 돌았다.

"삼촌들요, 이번 달부터 빨래방 돈 받는다 카던데 맞나?"

"네? 저희가 돈을 받는다고요?"

소문의 전말은 이랬다. 개업 첫 달은 산복빨래방이 무료로 빨래를 해 주지만 손님들이 몰리고 개업 2개월 차에 접어들면 버틸 재간이 없을 것이라는 말이 어디선가 나온 것이다. 그런데 이 말이 입에서 입을 타고 '산복빨래방이 곧 돈을 받는다더라'는 잘못된 소문으로 와전됐다. 한술 더 떠서, 빨래방이 구청이나 부산시에서 운영하는 시설이라는 '가짜 뉴스'

도 나왔다. 무료로 세탁기, 건조기를 돌리니 세제 값이며 전기 요금, 수도 요금을 공공이 아니면 누가 낼 수 있겠는가 하는 것이다. 그래서 어르신들은 산복빨래방을 복지 사업이라고 생각했던 것 같다. 와전된 말을 바로잡고자 산복빨래방은 부산일보에서 만들고 운영하며, 우리는 기자와 피디라고 소개했다. 그때마다 돌아온 답은 늘 같았다.

"부산일보에서 왜 우리 마을에 빨래방을 만들어 주노?"

어르신들은 언론사가 차린 빨래방을 이상하고 희한해 했다.

"그러게 말입니다. 그래도 빨래방 있으면 좋다 아입니까."

어느 순간부터는 우리도 그냥 넉살을 부렸다. 구구절절 설명하기보단 함께하는 시간이 쌓이고 서로를 깊이 이해하면 자연스레 우리가 부산일보에서 일하는 기자, 피디라는 걸 알게 될 것이라고 생각했다.

기사와 SNS로 빨래방이 소개되고, 유튜브로 산복빨래방 영상이 나가면서 자식, 지인들이 하나둘 어머님, 아버님께 연락을 해 왔다. "엄마, 유튜브에 나오데? 마을에 빨래방 생겼나?" 같은 전화가 걸려 온다며 어머님, 아버님들이 자랑을 했다. 유튜브에 나오는 것보다 자식들에게 전화가 온 게 더 반갑고 즐거운 일이었다.

"엄마, 부산일보 신문에 나온 거 봤나? 살다 살다 우리 엄마가 신문에 다 나오네."

더 이상 설명은 필요 없었다. 마을 주민들은 하나둘 우리가 빨래방 직원이자 동시에 기자, 피디인 걸 인지하기 시작했다. 매일 노트북을 붙잡고 있는 저 총각이 기자고 카메라를 붙잡고 있는 총각이 피디라는 식이다. 당신들 앞에 놓인 카메라가 기록용이 아닌 세상과의 소통 창구라는 것도 여러 번의 설명보다는 한 번의 전화로 알게 되었다. 어느 순간부터는 어머님들이 먼저 나서서 "카메라 켜야 하는 것 아니냐"라며 우리를 타박할 정도로 우리의 일에, 취지에 녹아들었다.

행복은 지금 이 순간

이상배

이영희 님은 산복빨래방의 공식 첫 손님이다. 개업식 날, 문을 열어 놓고 아무도 안 올까 봐 손에 땀을 쥐고 있을 때 골목 저 멀리서 한 어머님이 눈에 들어왔다. 분홍색 바람막이를 입고 한 손에는 황금색 보자기에 뭔가를 꽁꽁 싸서 들고 있었다. 누가 봐도 빨랫감이었다. 달음박질치며 배웅 나가서 크게 외쳤다.

“어머님 오셨습니까!”

“나 빨래하러 왔어!”

이영희 님은 금색 보자기를 건넸다. 어머님이 빨래를 가져왔다는 말에 빨래방 직원 모두 활짝 웃으며 박수 쳤다. 두꺼운

베이지색 카펫을 보자마자 '큰 세탁기 사길 잘했다'는 생각이 들었다. '띠리링' 하는 세탁음과 함께 시작된 첫 세탁의 설렘. 세상에, 집에서 첫 빨래를 할 때도 이런 기분은 아니었는데! 우리에게 잊을 수 없는 첫 설렘을 선물한 이영희 님은 바로 단골 손님이 되었다. 어느 날엔가 도란도란 대화 중에 나온 연애담은 우리 마음을 더욱 설레게 했다.

"남편이랑 정말 특이하게 만났어. 스무 살 되던 해에 갑자기 나한테 파주에 있는 군인이 편지를 보낸 거야. 일면식도 없는 군인이 웬 편지람? 알고 보니 참 특이한 사연이 있더라고."

경기도 여주에서 태어난 이영희 님은 초등학교를 졸업하자마자 서울에 홀로 상경해, 몸이 안 좋은 고모의 생활을 도왔다. 그러다가 갑자기 날아온 편지에 당황하던 찰나 같은 지역에서 살고 있는 사촌 언니에게서 연락이 왔다. 당시 군부대는 인근 마을의 벼농사를 도와주곤 했는데, 사촌 언니네 집에도 한 군인이 일을 도와주며 서로 친해졌다는 것이다. 사촌 언니는 키가 크고 잘생긴 이 군인을 썩 마음에 들어 했고, 사촌 동생인 이영희 님 주소를 알려주며 중매에 나섰다.

빨래방에 있던 모두가 어머님의 연애담에 몰입했다. 두근두근한 마음으로 물어보았다.

"편지에 뭐라고 쓰여 있던가요? 첫인상은 어떠셨어요?"

"처음 남편이 보낸 편지를 봤을 때 '글씨를 참 잘 쓰네', '공부 좀 잘했는가 보다'라고 생각했지. '아직 결혼 생각이 없다'고 답장을 보냈더니, 이번에는 자기 사진이랑 같이 편지를 또 보낸 거라. 근데 사진을 보니까 얼마나 잘생겼던지. 거기에 홀딱 반해 가지고 한번 만나 보기로 했지."

남편은 이영희 님과 만난 지 6개월 만에 제대했다. 남편은 제대 날 군복을 벗지도 않고 곧장 어머님 집으로 찾아왔다. 이영희 님은 그날 바로 남편의 고향인 경북 의성으로 가는 기차에 몸을 실었다.

"아니, 어머님 왜 그렇게 서두르셨어요?"

"몰라. 그때는 서로를 놓칠까 싶어 그랬는가 봐. 어린 마음에."

호탕하게 웃는 어머님의 모습에서 젊은 시절의 수줍음이 묻어 나왔다. 그렇게 남편 집에 갔던 이영희 님은 이듬해 봄에 결혼식을 올렸다. 스물세 살의 나이였다.

"어머님, 그럼 부산에는 어떻게 오시게 된 거예요?"

"의성에서는 농사일을 도왔는데, 남의 땅을 빌렸더니 아무리 일해도 남는 게 없더라고. 안되겠다 싶어서 가족 다 같이 부산으로 가자고 제안했지. 1970년에는 부산에 신발공장이랑 철강회사가 막 들어와서 일자리가 많다고 소문이 자자했거든. 때마침 남편 친척 중 해운대구 재송동에서 제철 공장 일하는 사람도 있다고 하니 도움을 기대한 것도 있고."

그렇게 이영희 님은 시부모님, 시동생, 남편과 함께 부산행 열차에 몸을 실었다. 등에는 낳은 지 한 달밖에 되지 않은 딸도 업혀 있었다. 다행히 부산에 오자마자 남편은 철강회사에 취업했지만 살 집이 문제였다. 부산에 별다른 연고가 없고, 마땅히 가진 것도 없었던 이영희 님 가족은 그렇게 산복도로로 왔다.

"산복도로에 와서 딸 둘을 더 낳고 일곱 식구가 함께 살았거든. 그때만 해도 이곳에서 50년 가까이 살 줄이야, 누가 알았겠어?"

"육아에 시부모까지 모시려니 정말 힘드셨겠어요."

"아유, 그보다도 물 구하는 게 제일 고생이었어. 지금 산복도로는 포장이라도 했지만, 당시에는 흙산 그 이상 그 이하도 아니었지. 동네가 죄다 대충 지은 판잣집인데 제대로 물이 나올 리가 있나. 마을에 몇몇 우물이 있긴 했지만 우물 근처 네다섯 개 집이 자물쇠로 잠가 놓고 자기들만 썼어. 그 사람들도 이해는 가. 안 그래도 물이 부족한데 자기 집 앞 우물에서 사람들이 물을 다 퍼 가니까 그랬겠지."

마을 공용 우물이 있긴 했지만 경쟁이 너무 치열했다.

"샘에 물이 고일 틈이 없었어. 한 동이 퍼 갈 만큼 고이면 누가 퍼 가고, 또 모이면 누가 퍼 가고 하니까 좀처럼 얻을 수가 없는 거야."

결국 어머님은 어둑한 새벽 아이를 등에 업고 우물에 갔다. 혹여나 아이가 추울까 봐 담요로 둘둘 매고, 언 손은 입김으로 녹이며 몇 시간을 기다렸다. 그렇게 한 동이가 고이면 퍼서 얼른 집으로 달려갔다가 급하게 다시 왔지만, 그새 우물 앞엔 다른 사람이 줄을 서 있곤 했다.

물이 너무 급할 때는 이영희 님은 먼 산꼭대기에 있는 절에 찾아가기도 했다. 스님에게 딱한 사정을 여러 차례 읍소한 끝에 절에 있는 연못에서 물을 떠 가도 된다는 허락을 받았다. 그렇게 가족이 마실 물 한 동이, 한 동이를 이고 지고 날랐다. 그로부터 몇 년 뒤, 산복도로 주민에게 물을 나눠 주기 위해 식수를 담은 물차가 오기 시작했다. 지금이야 사람들이 명품 산다고 백화점에 '오픈런'을 한다지만, 그때는 한 달에 한 번 물차가 오면 동네 사람들이 물을 얻으러 일찍부터 몰려들었다고 한다. 나중에 한 주민이 수로를 만든 뒤 마을로 물을 끌어와서 팔기 시작한 뒤부터 사정이 조금 나아졌다.

"금이나 쌀이 아무리 귀해도 돈이 있으면 다 살 수 있거든. 근데 물은 돈으로 살 수도 없는 거야. 집에 있는 큰 고무 다라이에 물을 가득 채워 놓으면 어찌나 마음이 좋던지. 그때 물 고생을 너무 많이 해서, 나는 지금도 물 함부로 안 쓴대이."

왠지 오늘 아침에 세수하기 전, 물을 틀어 놓고도 잠이 덜 깨 한참을 흘려보냈던 기억이 나 얼굴이 화끈해졌다.

그 후로 한참 이야기를 나누다 보니, 물 고생 못지 않게 놀라운 이야기가 나왔다.

"우리 집에서는 일 년에 열두 번 제사를 지냈거든."

"네? 일 년에 한 번도 아니고 열두 번이요? 한 달에 한 번씩 지내야 하지 않습니까?"

이영희 님은 그땐 다 그랬다는 듯 빙그레 웃었다. 집안의 맏며느리였던 어머님은 집안 어른들 제사에, 1년에 한 번씩 윗대 조상을 한 번에 모시는 '모사'도 챙겨야 했다. 마을에서도 제사가 많기로 유명했다고 한다.

"나 서울에 살 때는 불 한 번 안 때 봤어. 고모부가 미군 부대에서 일해서 형편이 괜찮았으니 나한테 집안일을 안 시켰거든. 결혼 후에는 별 수 있나. 하나부터 열까지 배워야지. 제사 음식을 준비할 만한 도구가 따로 없어서, 가마솥 뚜껑을 뒤집어 그 위에 전을 구웠다니까. 음식을 할 때면 연기가 막 피어오르는데 눈이 따가워 눈물이 줄줄 흐르고."

이영희 님은 '사는 게 힘들었지만 그래도 그때가 재밌었다'고 회상했다. 당시 제사를 지내면 큰 나무가 있는 공터에 마을 사람들이 옹기종기 모여들었다.

"옛날에는 먹을 게 귀하잖아. 그러니까 어느 집에서 제사하면 늦은 밤까지 아저씨, 아줌마들이 모여 노는 거야. 그러다 제사가 좀 늦어져서 자정이 넘을라치면 '빨리 제사 음식 가져와라'고 성화였지. 그럼 제사 음식을 큰상에 내서 다 같이 먹고 그랬어. 그 정도로 인심이 좋고 재밌었다고."

이영희 님은 50년 가까이 산복도로에서 살았다. 젊은 날에는 가족을 먹여 살리기 위해 삶을 쏟아붓느라 정작 집 밖에 나갈 기회가 없었다. 나이가 60세를 넘기면서부터 자꾸 우울함을 느꼈다.

"내가 우울해 하니까 남편이 '우리가 이제 다니면 얼마나 다니겠노. 다리 아프면 못 다니는데. 젊어서 못 해 본 거 이제 마음 놓고 다 해 보고 죽자'라고 하대. 그때 얼매나 뭉클하던지. 그래서 열심히 놀러 다니고 있어. 예쁘게 글씨 쓰는 것도 배우고 장구 치는 것도 배우고 하면서. 요즘 누가 물어보면 '지금이 제일 행복하다' 그래. 이곳에서 건강하게만 지낼 수 있다면, 더 바랄 게 없어."

그 고난한 세월을 최선을 다해 살아내고 항상 긍정의 마음으로 베푸는 어머님이 존경스럽다. 어머님의 손을 꽉 잡고,

집으로 돌아가는 길을 배웅했다.

"어머님 다음에 저희랑도 같이 놀러 가요!"

영상으로 만나는 산복빨래방

어머니의 위대한 인생

호통 대신 믹스커피

이상배

빨래방 공사를 위해 폐가를 뜯는 공사가 한창일 때의 일이다. 호천마을에는 '드드드' 공사 소리가 가득 울려 퍼졌다. 공간을 분리하던 벽을 부수고, 울퉁불퉁하던 콘크리트 바닥도 부쉈다. 입구 쪽 복도에는 폐기물이 가득 쌓이고, 엉망진창이 된 집안에 작은 포클레인이 들어가 벽과 바닥을 열심히 두드렸다. 빨래방 주변에 놓인 폐기물, 풀풀 날리는 먼지, 조용했던 마을을 깨우는 소음.

'어머님들이 많이 불편해하시면 어쩌지?'

불안으로 머릿속이 가득 찰 무렵, 한 어머님이 공사하고 있는 집 입구를 기웃했다.

'드디어 올 게 왔구나!'

층간 소음으로 빚어지는 다툼이 퍼뜩 떠오르며 긴장으로 몸이 굳었다. 시끄럽다고 호통을 치시면 어떡하지?

그런데 웬걸! 아직 추위가 가시지 않은 날이라 빨간 점퍼를 입고 오신 어머님은 "아이고 욕보네"라고 말을 건넸다. 이어서 길 넓은 데 사신다는 시원스러운 자기소개와 함께 공사 현장으로 슥 들어오셨다. 공사하는 인부들에게도 살갑게 인사한 어머님은 "고생이 많네요" 하며 아무렇지도 않게 돌아가셨다. 긴장이 눈 녹듯 사라졌다. 호통을 치실 거란 예상과 달리, 그저 궁금해서 오신 눈치였다. 그런데 몇 분 뒤, 어머님이 다시 등장했다. 이번엔 빈손이 아니었다. 다리가 불편하신지 한 손은 벽을 짚고, 다른 한 손에는 쟁반이 들려 있었다. 쟁반 위에 올려진 건 얼음이 동동 띄어진 믹스커피 일곱 잔이었다.

"요즘 젊은 사람들은 추운 날씨에도 차가운 커피 마신다매."

조금 전 공사 현장에 들어온 이유는 사람 수를 세기 위해서였던 것이다.

이후 빨래방에 가장 많이 오는 손님이 된 조선례 어머님은 알고 보니 빨래방 근처에 살고 계셨다. 동네에 모르는 사람이 없을 정도로 발이 넓어 '왕성님(왕형님)'이란 호칭으로 더 많이 불리셨다. 집 근처에서 먼지를 일으키고, 공사 소음까지 불편하셨을 텐데도 불만은커녕 오히려 커피를 건넸던 그 마음을 아직도 다 이해하지 못한다. 그러나 그때 마셨던 달달한 커피 맛은 지금까지도 계속 생각난다.

개업 전날에도 비슷한 일이 있었다. 한 어머님이 준비가 한창인 빨래방 문을 열고 들어오셨다. 테이블과 의자를 조립하고 이리저리 배치하느라 정신없는 와중이었다. 다소 작은 체형에 짙은 남색 칼라 티셔츠와 안경을 쓴 짧은 머리의 어머님. 열린 문으로 수줍게 들어오는 어머님을 보고 우리는 반갑게 인사드렸다.

"어머님 오늘은 아직 빨래방 안 하고 내일부터 하는데요?"

흐뭇하게 우리를 쳐다보던 어머님은 짧게 말했다.

"예쁘다."

"뭐가 그리 예쁜가요?"

"다 예쁘지 뭐."

무엇인가를 열심히 준비하는, 젊은 날의 우리가 예쁘다는 의미가 아닐까. 어머님의 짧은 말에 우리네 청춘을 응원하는 마음이 한껏 담겨 있는 것 같아 뭉클한 마음이 들었다.

빨래방을 찾아온 어머님, 아버님들은 저마다 빨랫감과 함께 이야기를 한 아름 안고 오신다. 세탁비 대신 받은 이야기는 개개인의 삶을 넘어 부산의 굽이치는 역사 그 자체다. 이런 귀중한 이야기를 들은 것만으로도 감사한데, 올 때마다 이것저것 이고 지고 오신다. 아무리 사양해도 '그냥 오기 미안하다'며 주전부리며 반찬거리를 들고 오시는 거다. 각박한 세상에 어떻게 다들 그렇게 다정할 수 있을까.

생각해 보면 늘 그랬던 것 같다. 어린 시절 산복도로에서 살았던 초등학교 저학년 때, 학교를 마치면 구불구불한 길을 따라 집으로 돌아왔다. 부모님은 맞벌이라 집에 없었다. 집에 엄마가 해 놓은 밥과 반찬이 있었지만, 어릴 때는 어찌나 눈길 주기 싫던지. 그것보다는 역시 바삭하고 기름기 있고 달달한 과자를 먹고 싶은 마음이 굴뚝같았다.

집에서 100미터 정도 떨어진 곳에 할아버지와 할머니가 운영하는 작은 슈퍼가 있었다. 가끔씩 심부름을 하거나 준비물 사고 남은 돈이 손에 있을 때도 있었지만 대부분의 날은 돈이 없었다. 그때 슈퍼에 가면 주인 할머니가 늘 과자를 주셨다. 물론 공짜는 아닌 엄연한 외상이었다. 부모님이 퇴근하고 집에 오기 전 꼭 돈을 내고 온다는 사실을 알고 있었다.

외상이든 아니든 슈퍼 할머니는 내가 오면 항상 활짝 웃으며 반겨 주셨다. 내가 뭘 먹을지, 너무 비싸지 않을지 고민하고 있으면 항상 맛있는 과자를 골라 주셨다. 슬쩍 주전부리를 몇 개 끼워 주시기도 했는데, 그건 돈을 받지도 않으셨다. 마치 손주처럼 "왔나?" 하면서 과자를 쥐어 주면 나는 방방 뛰며 좋아했다.

이제는 슈퍼 이름이 뭐였는지 잊었지만 어린 시절 받아서 뜯어 먹었던 과자 맛과 산복도로에서 받은 커피 맛은 모두 달콤한 기억으로 남아 있다. 그 기억을 떠올릴 때마다 나는 그런 어른이 되었나, 앞으로도 그렇게 나이들 수 있을까 생각한다.

화요일은 댄스파티

이상배

이번 주도 어김없이 그날이 돌아왔다. 매주 화요일이면 아직 산복도로 계단을 오르기 전부터 벌써 허벅지가 당기는 기분이다.

오전 9시에 맞춰 빨래방에 도착한 직원들은 서로 얼굴을 보며 묘하게 웃었다. 익숙하게 역할을 나눠서 건조기 먼지를 털고, 바닥을 쓸고 닦으면 아침 청소는 금세 척척척 끝난다. 청소가 끝나고 종종 어머님, 아버님이 오시면 듣기 어려운 최신 가요를 틀어 놓고 여유를 부릴 때도 있지만 화요일은 다르다.

결연한 표정을 지은 준용 선배가 외친다.

"자, 갑시다!"

호천마을에는 '호천마을플랫폼'이라는 곳이 있다. 도시재생 사업 당시 들어온 꽤나 규모가 큰 시설이다. 내부에는 주민협의회가 운영하는 작은 카페도 있다. 하지만 제일 많이 쓰이는 곳은 광장이다. 도로와 이어진 옥상은 평평해서 여러 사람이 모이기 아주 좋다. 우리는 매주 화요일 이곳을 찾는다.

광장에 도착하기 전부터 주황색 옷으로 맞춰 입은 어머님들의 모습이 보였다. 우리는 주황색 옷을 입지 않았지만, 어머님들은 멀리서부터 우리를 알아보고 한껏 반기신다. 호천마을에서 청년은 어딜 가나 눈에 띄는 존재다.

"아이고, 이모, 삼촌들 또 왔네!"

우리는 이모, 삼촌이다. 자연스레 대화를 이어갔다.

"건강해지려면 부지런히 와야죠. 옆에 서도 됩니까?"

"그럼 되지! 얼른 들온나."

매주 화요일은 마을 광장에서 주민들이 참여하는 에어로빅 행사가 열린다. 처음에는 청바지를 입고 에어로빅을 했는데 여간 불편한 게 아니었다. 이제 빨래방 직원 모두 에어로빅 하는 날이면 편한 옷과 바지를 입고 온다. 에어로빅 강사 선생님의 큰 외침과 함께 스피커에서 신나는 트로트가 흘러나오기 시작했다.

"자 왼발, 오른발. 순서대로 쭉쭉 뻗는 겁니다! 하나, 둘. 왼발, 오른발, 왼발, 오른발!"

오전 10시에 시작한 에어로빅은 한 시간 가까이 이어진다. 시작한 지 20분이나 지났을까. 벌써 헉헉대는 젊은 빨래방 직원들과 달리 어머님들은 노래를 따라 부르며 몸을 시원하게 쭉쭉 뻗기에 여념이 없다. 매일 산복도로를 오르락내리락하면서 체력을 키우신 걸까?

오늘도 무사히 에어로빅을 끝내고 주민들은 서로에게 인사를 건넸다. 우리도 흐르는 땀을 훔쳐 닦으며 어머님들과 안부를 물었다. 몇몇 어머님은 우리와 함께 빨래방으로 발길을 돌렸다. 맡긴 빨래를 가져가기도, 새로운 빨래를 가져오기도 한다. 당연하게도 이때 대화의 주제는 '에어로빅'이다. 에어로빅은 주민들과 이야기를 나누는 데 빠질 수 없는 주요 화제이자 우리 빨래방 홍보에도 혁혁한 공을 세웠다.

개업을 앞두고 빨래방 홍보에 목말라 있던 시절, 한 어머님의 정보 덕분에 에어로빅 교실의 존재를 알 수 있었다. 당시 우리는 주민설명회를 알리는 소책자를 들고 마을 곳곳을 누볐다. 그러나 생각보다 마을은 조용했고, 돌아다니는 주민도 많지 않았다.

그러던 중, 활짝 열려 있는 문 사이로 마당에 누워 있는 개 한 마리를 발견했다. 풍성한 갈색 털을 자랑하는 녀석은 둥글게 몸을 말고 꾸벅꾸벅 졸고 있었다. 보는 순간 "어어!"라는 감탄이 절로 나왔다. 호천마을이 어떤 곳인지 살피려 처음 방문했을 때, 이 개와 함께 산책하는 어머님을 만난 적이 있었다. 혹시나 낯선 사람을 경계하진 않을까 살며시 손을 내밀었는데, 다행히 금세 얼굴을 비볐다.

"아지는 마을 사람뿐 아니라 바깥 사람도 다 좋아해."

'강아지'라서 성이 '강' 씨고 이름이 '아지'라는 알아듣기 쉬운 설명에 그만 웃음이 터지고 말았다.

'아지'를 키우는 조경자 어머님과 안부를 주고받은 뒤, 주민설명회 소책자를 드렸다.

"어딜 가야 마을 분들이 좀 많이 계실까요?"

"어제 오면 딱 좋았어요. 사람이 억수로 많이 몰리는 날이거든요. 화요일 오전 10시에 마을 광장에 오면 돼요. 거기서 매주 마을 사람들 모여서 체조하거든. 사람 많이 오니까 그때 인사하면 돼."

역시 동네 일은 동네 사람이 제일 잘 아는 법이다. 조경자 어머님의 조언 덕분에 에어로빅 교실에서 무사히 빨래방을 홍보할 수 있었다.

이윽고 맞이한 산복빨래방 개업식 날, 테이블에 놓인 휴대폰과 블루투스 스피커를 보자 문득 '노래를 틀면 다들 좋아하시지 않을까' 하는 생각이 들었다. 사실, 뭔가를 의도했다기보다는 그저 노래 없는 빨래방이 심심하게 느껴질까 봐 뭐라도 한 것에 가까웠다. 에어로빅에 몇 번 참여하며 저도 모르게 그 흥에 익숙해졌던 것일지도 모르겠다. 우리가 아는 신나는 트로트를 틀었다.

주민들은 갑자기 들려온 노랫소리에 깜짝 놀라더니 이내 즐겁게 노래를 따라 부르기 시작했다. 이뿐인가. 덩실덩실 춤까지. 우리는 함께 노래를 부르고, 춤을 추고, 빨래방이 떠나가라 웃었다. 말동무도 물론 좋지만, 노래를 부르고 춤을 추며 함께 호흡하는 것만큼 주민들과 가까워지기 좋은 건 없지 않을까. 덕분에 우리는 자연스럽게 마을 주민이 되어 함께 어우러질 수 있었다. 빨래방 홍보를 위해 참석했던 에어로빅 교실이 빨래방 직원들이 빠져선 안 될 정기 행사가 된 이유다.

영상으로 만나는 산복빨래방

산동네 댄스 배틀

빨래방 홍보 대사 '산복이'

이상배

호천마을 골목을 누비다 보면 유독 눈에 띄는 것이 있다. 마을 바깥에서 온 사람들 모두가 의아해한다는 이것. 바로 물이 담긴 투명한 페트병이다. 처음에는 누가 골목에 버린 쓰레기인 줄 알았다.

정답은 바로 고양이 때문이다. 산복도로에는 고양이가 정말 많다. 산복도로는 경사가 매우 가팔라 앞집 옥상이 뒷집 마당과 바짝 붙어 있다. 실제로 산복빨래방 건물 옥상에 올라가면 앞으로는 전경이 탁 트여 있지만, 뒤쪽으로는 이웃집 할아버지와 인사할 수 있을 정도다. 사람에게는 힘든 경사지만 몸이 유연한 고양이들은 마을 이곳저곳을 편하게 누빈다.

게다가 마을에는 구석구석 골목이 많아서 숨을 곳이 많고 인적은 드물다. 고양이가 살기 좋은 환경인 셈이다.
고양이는 자신의 배변을 흙이나 모래로 덮어 숨기는 본능이 있다. 길고양이에게 따로 전용 화장실이 있을 리 만무하니, 고양이들은 집집마다 텃밭을 파헤쳐 볼일을 보기 일쑤다. 텃밭 가꾸기를 즐기는 마을 주민들은 이를 막기 위해 물을 채운 페트병을 곳곳에 세워 뒀다. 고양이가 페트병을 채운 물에 비친 자신의 얼굴을 보고 도망간다나?
고양이가 많은 산복도로이니 만큼, 빨래방도 '묘연'은 자연스럽게 찾아왔다.
산복빨래방 공사가 한창이던 때, 매일같이 빨래방 건물 앞을 들락거렸다. 인테리어 업체 사장님과 이야기를 나누며 통 창문이 들어설 곳을 꼼꼼히 살피던 순간.
"엄마야!"
사장님의 갑작스런 외침에 고개를 획 돌리자 눈에 들어온 건 놀랍게도 고양이 한 마리였다. 빨래방 문과 2층 계단 사이 아주 좁은 공간에서 아기 고양이 한 마리가 '툭' 하고 떨어지

듯 등장한 것이다. 검고 흰 얼룩무늬를 가진 고양이는 진물과 진드기 탓에 눈조차 제대로 뜨지 못했다. 한참을 굶은 듯 몸은 앙상했고, 어디선가 다쳤는지 벌건 목에 구더기가 들끓는 게 눈에 보일 정도였다. 물을 줘도 본체만체 비틀거리며 걸어가던 녀석은 그 와중에도 사람을 피하고 싶었는지 건물 구석으로 가서 몸을 말고 가쁜 숨만 겨우 내쉬었다.

빨래방 직원들은 긴급회의를 열었다. 척 봐도 상태가 심각해 보였다. 고양이를 키우는 직장 동료에게 도움을 요청했다. 사진을 본 동료는 치료비로만 몇백만 원이 나갈 수 있을 정도로 심각한 상태라고 말했다. 게다가 고양이를 치료한다 해도 많은 주민들이 방문하고 털과 먼지와 거리 두기를 해야 하는 빨래방 특성상 고양이를 키우기 어려웠다. 우리 또한 출산이나 결혼을 앞두거나, 반려동물을 들일 수 없는 오피스텔에 거주하고 있어 키울 여력이 없었다.

하지만 고민은 길지 않았다. 당장 쌕쌕거리며 숨만 겨우 내쉬고 있는 생명을 앞에 두고 미래에 대한 걱정은 잠시 접어 두기로 했다. 사람을 경계하는 게 당연한데도, 얼마나 지쳤는지 자신을 만지는 손에도 전혀 반응하지 않았다. 차라리 잔뜩 경계해 줬으면 하는 마음에 안타까워 눈물이 찔끔 났다.

동물병원에 급히 데리고 가니, 병원에서는 입원을 위해 고양이 이름을 물었다. 나도 모르게 '산복이'라고 답했다. 수의사 선생님은 "오늘 입원하지 않았으면 당장 내일 고양이별로 떠났어도 이상하지 않은 상태"라며 혀를 내둘렀다.

다행히 산복이는 잘 버텨 줬다. 1.3킬로그램에 불과했던 몸무게는 2주 만에 두 배가 됐고, 구더기가 끓었던 눈과 목은 점차 보송한 흰 털로 가득 채워졌다. 어려운 시기를 무사히 이겨내고 한 달 만에 건강해진 산복이가 너무 대견했다.

마침내 미뤄 왔던 숙제를 해결해야 할 시간이 찾아왔다. 바로 산복이의 거취 문제다. 산복이의 중성화 수술까지 마친 뒤 여러 곳에 입양 공고를 냈지만 성과는 없었다. 결국 자체 회의와 전문가 자문을 거쳐, 산복도로 골목에서 평생을 살아온 산복이가 건강하게 자립할 수 있도록 '제자리 방사'를 결정했다. 다행히 방사 이후 산복이는 호천마을 곳곳을 씩씩하게 누볐고 빨래방 마당에도 자주 찾아오며 어느새 빨래방의 마스코트가 되었다.

산복이가 무사히 건강을 되찾은 소식을 유튜브와 SNS 구독자들에게 알렸다. 그런데 산복이 구조 영상이 유튜브에서 애묘가들 사이에서 알고리즘을 탔는지 조회 수가 가파르게 오르기 시작했다. 총 조회 수는 6만 회를 넘어섰고, 유튜브 채널 구독자 수도 빠르게 늘어 2천 명을 달성했다. 그야말로 산복이가 빨래방 유튜브 조회 수 일등 공신이 된 것이다. 기쁜 마음에 빨래방에 찾아온 산복이에게 특식도 제공했다.

하지만 이후 뜻하지 않은 고민이 찾아왔다. 산복이에 대한 언급이 영상이며 댓글에 지나치게 많아진 것이다. 처음에는 기쁜 마음으로 응답했지만 점차 진지하게 생각하지 않을 수 없었다. 산복이가 등장하면 조회 수가 오르고, 없으면 산복이를 보여 달라는 댓글이 많아졌다. 이대로 지속된다면 산복빨래방이 '고양이 채널'로 인식되는 거 아닌가.

결국 우리는 영상에서 산복이의 비중을 크게 줄이기로 했다. 조회 수가 조금 덜 나오더라도 우리가 진짜 들려주고 싶은 산복도로 이야기를 다채롭게 풀어 나가기 위해서는 산복이에게 의존해서는 안 되기 때문이다. 산복이 덕분에 많은 사람들의 관심을 끌 수 있었지만 초심으로 돌아와야 했다.

산복이는 이후로도 빨래방에 자주 찾아오며, 빨래를 맡기러 온 손님들을 반겼다. 영상 속에도 종종 스치듯 모습을 보이며 독자들에게 안부를 전했다. 빨래방 최고 귀염둥이 '냥'스코트 산복이는 오늘도 홍보 대사로 활약 중이다.

영상으로 만나는 산복빨래방

냥스코트 산복이와의 만남

찢어진 흑백 사진

이상배

우리 민족의 가장 큰 비극이라 불리는 한국전쟁이 막 내린 지 불과 2년이 지난 1955년 어느 날. 당시 열일곱 살이었던 김선이 님은 어린 남동생 손을 잡고 카메라 앞에 섰다. 남동생은 자신과 제법 나이 차이가 났는데, 요즘으로 치면 초등학교에 갓 들어갔을 나이였다. 김선이 님은 자신의 허리 정도밖에 키가 자라지 않은 남동생 손을 꼭 잡고 집 앞 마당에서 사진을 찍었다. 손에 우산은 왜 들었는지, 사진은 어떻게 찍게 된 건지 자세한 까닭은 기억나지 않는다. 그렇게 찍은 흑백 사진은 67년의 세월을 건넜다. 어느새 84세가 된 김선이 어머님은 사진과 함께 산복빨래방을 찾았다.

개업 준비로 바쁜 우리를 보며 '예쁘다'고 고운 말을 건넸던 분이 바로 김선이 어머님이다. 빨래를 맡기러 오시기보다, 시장에서 사 온 고구마를 따끈따끈하게 찌거나 주전부리를 한 아름 챙겨 오시는 날이 더 많다. 손자 챙기듯 우리를 넌지시 챙겨 주시는 마음이 늘 푸근하다.

"어머님, 빨래 좀 들고 오이소. 명색이 빨래방인데 빨래를 하러 와야죠."

"에이, 혼자 사는데 뭐. 빨래도 별로 없으여."

그날도 김선이 어머님은 빨랫감 없이 우리를 찾아오셨다.

"어서 오세요, 어머님! 빨래 또 안 들고 오셨네?"

"에이, 빨래할 거 없다니까. 그나저나 삼촌들은 컴퓨터 잘하는가?"

"아유, 그럼요. 뭐 필요한 거 있으세요? 저희가 다 해 드릴 수 있습니다."

"그럼 이 사진을 좀 크게 해 줄 수 있을까?"

김선이 어머님은 작은 흑백사진 한 장을 꺼냈다. 바로 67년 전 남동생과 함께 찍은 사진이었다. 사진은 오랜 세월을 보여 주듯 전체가 누렇게 물들어 있었다. 또 얼마나 구깃구깃한지 자국 탓에 사진 속 얼굴이 잘 안 보일 지경이었다. 어머님도 더 이상 사진이 세월에 바스러지는 것을 막으려는 듯, 노란 봉투 안에 넣어 금이야 옥이야 사진을 보관했다.

어머님의 주문은 간단했다. 사진의 크기를 키워 달라는 것. 그리고 가능하면 사진이 구겨지지 않은 것처럼 보정해 달라는 것이었다.

빨래방 직원들은 어떻게 하면 사진을 온전히 돌려줄 수 있을지 논의했다. 영상이 전공인 두 피디님들의 활약이 펼쳐졌다. 사진을 스캔한 뒤, 포토샵으로 보정에 보정을 거듭하기 시작했다. 마치 엉킨 실타래를 풀고, 한 땀 한 땀 다시 목도리를 짜듯 일일이 편집하는 시간이 이어졌다.

우리는 사진 복원을 전문으로 하는 업체만큼의 실력은 없지만 시간과 정성이라면 누구보다 들일 자신이 있었다. 어머님의 추억 어린 옛 사진을 꼭 돌려드려 기뻐하시는 모습을 보고 싶었다. 구겨진 사진은 점차 매끈해졌고, 김선이 어머님의 앳된 모습과 동생의 얼굴도 조금씩 선명해졌다. 원본 사진만

큼은 아니겠지만 최대한 선명하게 복구한 사진을 크게 키워 인화했다. 크기를 키우니 세월의 구깃함도 함께 선명해졌지만, 세월에도 퇴색되지 않았을 추억을 어머님 눈에 다시 훤하게 보여 줄 수 있지 않을까.

“어머님, 이래 해 달라 한 거 맞는가 모르겠어요. 기술자들이 만진다고 만졌는데.”

“아이고, 잘했네.”

몇 초의 적막이 흐르고, 어머님의 눈에는 눈물이 맺혔다.

“너무 고맙네. 남동생 얼굴이 갈수록 잘 안 보여서. 크게만 해 줘도 고마운데, 이렇게 잘 보이게 해 주니 너무 고마워.”

하루하루 낡아 가는 사진을 바라보며 흐른 세월을 몸으로 느꼈을 어머님의 심정이 눈물로 고스란히 전해졌다.

김선이 어머님의 옛 사진을 보면서 빨래방을 찾는 어머님, 아버님의 옛날 모습이 궁금해졌다. 누군가는 김선이 어머님처럼 구깃구깃한 옛 사진을 간직하고 있거나 세월의 흐름 속에 사진을 잃어 안타까워하지 않을까.

생각이 깊어져 갈 때, 한 어머님께 이런 이야기를 들었다.

"삼촌들이 이래 영상으로 우리 찍어 준 거 나중에 보면 '그때 할머니들 참 젊었지' 할 기야, 아마."

우리의 기록이 어머님에게는 인생에서 가장 젊은 날인 '오늘'을 남기는 일이었구나. 이제야 어머님들이 영상을 찍을 때면 항상 카메라에 대고 "예쁘게 찍어 줘"라고 이야기하는 이유를 알 것 같았다.

영상으로 만나는 산복빨래방

찢어진 흑백 사진

오늘은 산복사진관

이상배

5월, 완연히 따뜻한 봄기운이 마을을 감쌌다. 어머님, 아버님 사이에서 계절 따라 번지는 유행이 있다면, 바로 소풍이다.

매일 같이 오시던 어머님들이 한동안 안 보여 개업 빨이 끝난 건가 걱정될 때쯤, 며칠 만에 빨래방에 찾아온 어머님들이 호쾌하게 자랑을 하셨다.

"나 바빴어. 친구들이랑 소풍 다녀왔거든!"

어찌나 재미나게 말하며 소녀처럼 깔깔 웃으시는지 지난 며칠의 고민이 무색할 정도였다. 봄이면 주민들은 마음이 잘 맞는 친구들과 전국 방방곡곡으로 소풍을 다니곤 하신다.

"어머님, 가서 찍은 사진도 좀 보여 주세요!"

"사진? 몇 개 찍기는 했는데… 자!"

소풍의 꽃은 역시 단체 사진이다. 과연 어디에 다녀오셨나 궁금했다. 대부분 사진에는 산, 바다, 강이 배경으로 펼쳐지거나 화려한 꽃이 등장했다. 활짝 웃는 어머님의 얼굴이 늘 함께했다.

그런데 사진을 넘겨 보다 흠칫 놀랐다. 대부분의 사진이 초점이 나가 흐릿하거나, 어머님의 모습을 담았더라도 얼굴만 겨우 빼꼼 나왔지 몸 대부분이 사진 밖으로 나가 있었다. 무엇보다도 인물 사진보다 자연 풍경이 대부분이었다. 아쉬운 마음에 칭얼거렸다.

"에이, 어머님 사진이 왜 이렇게 없어요?"

"내 사진은 뭐 할라고? 부끄러워!"

핸드폰에는 손주 사진, 예쁜 꽃 사진, 가족사진으로 가득했지만 제대로 찍은 어머님 사진은 찾기 어려웠다.

"어머님, 우리가 예쁘게 사진 한 장씩 찍어 드릴게요. 친구분들이랑 찍어도 좋고 어머님 혼자나 아버님이랑 같이 해서 찍어도 좋고요. 화장하고 젤 이쁘게 해서 다음 주 화요일에 오세요.”

산복빨래방 번외편, 산복사진관 프로젝트가 시작됐다. 어디서 어떻게 찍어야 잘 찍었다고 소문이 날까.

“호천마을에는 예쁜 골목이 많잖아요. 골목에서 찍어 드리는 건 어때요?”

“아무래도 집 앞에서 찍는 게 자연스럽고 다양한 모습이 나오지 않을까 싶은데.”

의견을 나누던 중, ‘젊은이’라면 누구나 한 번쯤 찍어 본 적 있는 ‘네 컷 사진’이 자연스레 떠올랐다. 화려한 색채를 배경으로 혼자 또는 여러 명이 함께 사진 찍는 모습이.

‘바로 이거다!’

마침 모기업 부산일보에는 사진부가 있다. 사진을 찍기 위한 카메라와 조명 등 전문 장비는 물론 이를 능수능란하게 다루는 전문가도 있다. 한국보도사진상, 이달의 보도사진상 등 내로라하는 국내 사진 관련 상을 섭렵한 최고 실력자 김종진 기자가 “취지가 정말 좋다”라며 기꺼이 시간을 내주었다. 한 명이 업무에서 빠지면 남은 사람들의 업무가 늘어날 텐데도 사진부의 다른 기자들도 흔쾌히 협력해 주었다. 덕분에 산복 사진관 진행은 순조로웠다. 아니, 순조로운 듯했으나 복병이 등장했다.

"삼촌들, 요새는 그 뭐카더라. 장수 사진이라고 하던데. 영정 사진도 찍어 주나?"

"영정 사진이요?"

"한창 청춘인데 무슨 영정 사진입니까?"

"에이, 안 그래. 우리 나이는 언제 갈지 몰라."

빨래방 직원들이 '네 컷 사진'을 떠올릴 때 어머님들은 '영정 사진'을 떠올렸다. 이를 두고 한참을 갑론을박이 펼쳐졌다. 치열한 회의 끝에 결국 우리의 의견은 하나로 좁혀졌다. 영정 사진보다는 어머님, 아버님의 바로 지금, 아름다운 인생의 순간을 담기로 말이다. 가족사진 말고, 꽃 사진 말고, 초점 나간 사진 말고 제대로 찍은 예쁜 어머님, 아버님 사진을 남겨 드리자. 미래를 위한 것도 아닌 바로 지금 행복한 순간을 담아 기록하자.

2022년 8월 17일, 단 하루만 존재하는 산복사진관이 문을 열었다. 평소 빨랫감이 잔뜩 쌓여 있던 빨래 테이블은 옆방으로 옮기고, 세탁기 옆에는 이름을 빼곡히 채운 화이트보드 대신 산복빨래방을 대표하는 주황색 시트지를 크게 붙여 사진의 배경을 만들었다. 소파가 있던 자리에는 김종진 기자가 커다란 카메라를 삼각대에 세워 설치했다.

사진관으로 변신한 빨래방에는 아침 일찍 많은 주민이 찾아왔다. 평소와 다른 점이라면 손에 빨랫감이 없다는 점, 그리고 한껏 멋을 부렸다는 것이다. 친한 어머님 대여섯 명이서 무리 지어 오시기도 했고, 단짝 친구와 둘이서 찍고 싶다며 온 분도 계셨다. 부부가 다정하게 손을 잡고 오시기도 했다. 뽀뽀는 끝내 고사했지만 서로를 바라보는 꿀 떨어지는 눈빛을 사진에 고스란히 담을 수 있었다.

사진관을 찾아온 주민들에게 문자메시지로 사진을 먼저 보내 드리고, 실제로도 인화해서 전달했다. '사진 찍기는 쑥스럽다'며 손을 내젓던 분들은 온데간데없고, 서로 사진을 돌려 보며 아이처럼 웃었다. 이 순간이 어머님, 아버님의 인생에서 아름다운 기억 중 하나가 될 수 있기를, 뿌듯한 마음에 우리도 절로 웃음이 나왔다.
햇살이 비치는 정오의 산복 마을 어귀나 주황빛 야경은 손꼽히는 산복도로의 아름다움이지만 이 장면이야말로 우리가 찾고 싶던 진짜 산복도로의 모습일 수도 있겠다는 생각이 들었다.

영상으로 만나는 산복빨래방

'70대 미만 출입 금지
산복사진관

산복에 살어리랏다

이상배

"이걸 어떻게 하면 좋지?"

보경 피디가 근심 어린 표정으로 테이블 위를 바라봤다. 짧은 침묵이 흐르고, 심각한 표정의 준용 선배가 입을 뗐다.

"어머님이 마음 담아 주신 건데 어떻게든 먹어야지."

재화 피디가 진지하게 문제를 지적했다.

"근데 우리는 냉장고가 없잖아요."

그 모든 말이 옳았다. '이것'을 버리는 것은 당연히 안 될 말이며, 더운 여름날 냉장고도 없는 이곳에 놔두고 간다면 내일 무슨 일이 생길지는 불 보듯 뻔한 일이었다. 조용히 상황을 지켜보던 나는 마침내 마음먹고 쐐기를 박았다.

"제가 가져가겠습니다."

아무리 생각해도 답은 포장뿐이었다. 퇴근을 앞둔 저녁, 산복빨래방은 때아닌 논쟁을 하느라 모두가 진땀을 뺐다.

우리를 고민에 빠지게 한 건 바로 부추전이었다. 그래, 맞다. 그 맛있는 부추전 말이다!

늘 빈손으로 오지 않는 손님들 덕분에 빨래방에는 항상 먹거리가 가득하다. 오늘도 한 단골 어머님이 부추전을 잔뜩 들고 오셨다.

'평소 빨래를 잘 해줘서 고맙다' 하면서 밭에서 직접 기른 부추로 전을 구워 온 것이다. 고추도 아낌없이 송송 들어간 덕분에 느끼하지 않고 맵싸한 맛이 일품이었다. 문제는 그 양이 너무 많았다. 우리는 어머님과 한참 수다를 떨며, 쉴 새 없이 부추전을 집어 먹었다. 하지만 어머님이 집에 돌아간 뒤에도 부추전은 바닥을 보이질 않았다. 점차 먹는 속도가 느려지더니, 결국 퇴근 전까지도 부추전이 남은 것이다.

어디 부추전뿐일까. 빨래방에 들어오는 음식은 다양하다. 호박전, 해물파전 등 전 종류가 가장 많다. 고구마, 감자 같은 구황작물부터 사과, 배, 복숭아 같은 과일도 테이블 위에 쌓인다. 어떤 어머님은 라면을 주고 가시기도, 두유 같은 음료를 주시기도 한다. 죄송한 마음에 거절도 해 봤지만, 우리의 거절은 거절당했다. 그 덕에 빨래방 직원들은 하루가 다르게 포동포동 살이 올랐다.

심지어 점심 식사를 대접받은 적도 있다. 나와 재화 피디 둘이서만 빨래방에서 일하고 있던 날. 오전에 찾아온 한 어머님이 "밥 벅을 거 마땅히 없으면 우리 집에 와"라며 초대하셨다. 문을 열고 집 안에 들어갔을 때 처음 본 건, 스테인리스 대접에 가득 담긴 벌건 비빔 밀면이었다. 고명으로 오이가 아낌없이 올려진 채였다. 매콤 달달하면서 짜지는 않은 비법 양념도 담뿍 얹었었다. 이날 먹은 비빔 밀면은 부산 어느 밀면 맛집보다 맛있었다.

"우리도 좀 드려야 하지 않을까요?"

하루하루 얻어먹는 날이 반복되자 우리도 무엇인가를 드리고 싶었다. 다만, 시장이나 마트에서 무엇인가를 살 순 없었다. 어디서도 구할 수 없는 정성과 손맛을 담아 주는 어머님,

아버님께 어디서나 구할 수 있는 걸 드리는 건 의미가 없지 않은가.
그래서 우리는 직접 채소를 키워서 선물하기로 했다. 작은 정성일지라도 손주처럼 마음을 담아 드리면 좋아하시지 않을까. 더불어, 이참에 식물 키우는 방법을 어머님들께 전수받고 싶다는 사심도 조금 있었다.
필요한 것은 마을에 거의 다 있었다. 경로당 근처에서 주민분들의 허락을 받고 버려진 화단을 가져왔다. 조금 지저분한 직육면체의 나무 화단이었는데, 물로 깨끗이 씻으니 썩 쓸 만해 보였다. 다행히 빨래방 좁은 앞마당에도 쏙 들어가는 크기였다. 어머님들 화단에 있는 흙을 얻고, 모자란 흙은 비료와 함께 구매했다.
"아이고, 이게 무슨 화단이고?"
"어머님, 오셨어요! 저희 여기에 채소 좀 키워 보려고요. 어떤 게 좀 쑥쑥 자랍니까?"
"빨리 자라는 건 깻잎, 상추만 한 게 없지!"
빨래방에 온 주민들은 우리가 먼저 말을 꺼내기도 전에 화단에 관심을 보였다. 그리고 같이 온 분들끼리 "상추가 더 잘 자란다", "아니다 깻잎이다" 등등으로 논쟁을 시작하더니, '상추는 물을 하루에 두 번만 주면 된다'는 등 온갖 조언이 우리에게 쏟아졌다.

조언으로 끝이 아니었다. "잠깐만 있어 봐라"라며 집에 간 어머님은 본인 마당에 있던 식물 모종을 여럿 가져다주셨다. 분명 우리가 직접 고르고 살 생각이었는데, 어느새 빨래방 화단에는 주민들이 가져온 새싹들이 차곡차곡 자리를 잡고 북새통을 이뤘다.

주민들에게 고마움을 전하기 위해 시작한 화단은 결국 또다시 어머님, 아버님 도움으로 꾸려졌다. 그들의 사랑을 거름 삼아 곧 예쁘게 꽃이 피어났다. 상추부터 방아와 깻잎, 심지어 향기로운 로즈마리까지 저마다 팔을 힘껏 펼치며 모양새를 뽐냈다.

"오늘도 잘 컸네!"

"물은 잘 주고 있나?"

어머님들이 화단을 보며 건네는 애정 담뿍 담긴 말을 들을 때면, 한걸음 더 그들 마음에 다가간 것 같은 기분이 들었다. 초반에는 고양이의 습격으로 화단이 고초를 겪기도 했지만, 그물을 잘 쳐 놓은 뒤로는 무사히 자라났다. 잘 자란 깻잎과 상추는 예쁘게 포장해 빨래방을 찾은 어머님, 아버님에게 드렸다.

빨래방이 문을 열고 하루하루 지날수록, 우리가 마을과 주고받는 일이 하나둘 늘어날수록 빨래방에는 음식과 웃음, 관심과 사랑이 피어났다. 빨래는 마을과 우리를 이어 주는 가장 중요한 매개지만, 그것만이 우리를 연결하는 건 아니었다. 우리는 따뜻한 냄새가 나는 사람과 사람이었다. 산복도로를 취재하려고 간 것이 아니라, 일단 함께 살아 보자고 생각했던 우리의 진심은 다행히 정답이었다.

영상으로 만나는 산복빨래방

이러다 배 터지겠어요!

산복도로의 다른 이름 '엄마'

이상배

뽀글 파마머리에 노란색 등산복을 입은 장순엽 님과 빨래방에서 수다를 떨다가 문득 궁금해졌다.

"어머님, 옛날 사진 가지고 계신 거 있어요?"

"그러엄, 내 결혼사진 보여 줄까?"

어머님은 쾌활하게 답하고는 휴대폰으로 찍어 둔 낡은 흑백 사진을 보여 줬다.

"이게 내 처녀 졸업장이다!"

"네?"

깔깔 웃으시는 장순엽 님과 대조적으로 우리는 듣도 보도 못한 표현에 깜짝 놀랐다.

"옛날에 내가 결혼하기 전에 사진관 가서 남편이랑 사진 찍고 왠지 아쉬워서 혼자 한 장 찍어 달라 캤어. 그러니까 이 사진이 나한테는 처녀 졸업장이지!"

스물두 살의 어머님은 멋들어진 쎄무(스웨이드) 상의와 정장 바지에 직접 뜬 모자를 쓰고 당당하게 자세를 취하고 있었다. 젊은 시절의 모습을 꼭 담고 싶어 차곡차곡 모은 월급 중 일부를 뚝 떼 사진 촬영에 썼다고 한다.

"사진을 탁 보고 있으면 어쩜 이렇게 기분 좋고 흐뭇한지 몰라. 얼마나 젊어. 이쁘고. 자식들 키우면서 정말 힘들었는데, 사진만 보면 젊고 아름다웠던 시절만 떠올라."

우리는 자연스럽게 어머님의 사진 속으로, 삶의 이야기 속으로 빠져들었다.

"매일 꼭두새벽에 일어나서 밥이랑 반찬 세 개, 국을 꾹꾹 담아 애들 먹을 도시락을 만들었지. 사람이 잠을 세 시간도 못 자니까 누가 맨날 온몸을 때리고 간 것처럼 쑤신 거야. 그래도 똑같은 도시락 반찬 싸 줄 수 있나, 신경 써서 매번 다르게 만들었지. 나중에 애들 가져가라고 도시락을 식탁에 줄지어 놓고 나는 출근하러 가는 거야."

"출퇴근 하랴, 집안일 하랴 그 바쁜 와중에 아이들 도시락까지 다 챙기셨어요?"

아침은커녕 일어나자마자 씻고 출근하기 바쁜 빨래방 직원들은 입을 떡 벌린 채 어머님 이야기에 귀를 쫑긋 세웠다.

"그렇게 출근하면 몇 시에 퇴근하셨는데요? 6시?"

"6시는 무슨! 새벽에 출근해도 한참 야근까지 하고 집에 들어가면 밤 11시가 넘어야 겨우 집에 도착했지. 그럼 애들은 벌써 다 자고 있는 거야. 그때부터 애들이 가져온 도시락 통 씻고 새로 찬거리 만들었지. 그렇게 12년 동안 두 아들을 키웠어."

장순엽 님의 첫 직장은 신발공장이었다. 아들이 여섯 살 되었을 때 장순엽 님은 이 동네 사람 누구나 다니는 신발공장에 첫 발을 디뎠다. 전남 광양에서 남편을 만나 결혼한 뒤 부산에 와서 처음 취직한 곳이었다. 당대 최고 기업인 삼화고무의 넘쳐 나는 물량을 소화하는 외주 기업이었다. 처음 신발공장에 가서는 운동화 실밥을 트는 일을 했다.

"당시 한 달에 얼마 정도 버셨는데요?"

"그때 돈으로 한 10만 원 됐을 거야. 근데 많은 건 아니었어. 옆 미싱 부서 여공들은 같은 시간 일해도 나보다 두 배는 받았거든. 일마다 주는 돈이 달라. 아, 이거 안 되겠다. 나도 돈을 더 벌려면 기술을 배워야겠다 싶었지."

점심시간이 되자 미싱부 젊은 여공들이 서둘러 자리를 빠져나갔다. 두어 달 옆에서 본 바로 미싱은 그렇게 어렵지 않아 보였다. 조용히 가서 미싱을 잡았다.

"'나 없을 때 하지 마라', '그러다 고장난다' 얼마나 타박하던지. 그래도 몰래몰래 했지. 한 일주일 하니까 감이 오더라고. 미싱조 조장을 찾아가서 '나 월급 올려 주소' 했지. 조장 입장에선 실밥 트는 일 하던 사람이 미싱한다고 하니 코웃음을 칠 거잖아. 딱 옆에 앉아서 미싱 실력을 보여 주니까 깜짝 놀라더라고!"

지금 생각해도 통쾌한지 장순엽 님은 말하면서도 깔깔 웃으셨다.

"신발공장은 냄새도 매캐하고 안 좋지 않습니까?"

언젠가 빨래방을 찾은 어머님 한 분이 "신발공장 옆을 지나면 머리가 아플 정도로 냄새가 심했다"라고 말했던 게 생각나 여쭤보았다.

"냄새 엄청 심해. 내가 1년 동안 신발공장을 다녔는데 몸이 상해 가는 게 느껴지더라고. 라텍스 접착제 냄새가 제일 독해. 코는 익숙해져도 머리가 아프니까 어지러운기라. 요즘처럼 마스크가 있나, 뭐가 있나. 참다 참다 결국 회사에 그만두겠다고 했지."

장순엽 님의 사표에 조장이 집 앞까지 찾아와 일을 조금만 더 해 달라고 했다. 미싱 일은 '고임금'이었지만 아침부터 저녁까지 이어져 너무 고됐다. 추석 대목을 끝으로 일을 그만뒀다. 일을 그만두고 돌아오니 남편이 물었다.

"퇴직금은 받았나?"

회사에서는 아무 말이 없었다. 남편의 성화에 못 이겨 노동청을 찾아갔다. 회사에서 전화가 왔다.

"왜 말을 안 하고 노동청을 찾아가요?"

1년치 평균 월급 수준의 퇴직금을 노란 봉투에 받았다. 퇴직금을 안 준다고 노동청에 찾아 간 사람은 순엽 어머님이 유일했다.

"나이 어린 딸들 고용해서 하니까 퇴직금이 뭔지도 모르고 못 받는 사람이 수두룩했어."

그 뒤 장순엽 님 동료들도 모두 퇴직금을 받았다고 한다.

"엄마 나 컴퓨터 갖고 싶어."

그 무렵, 중학생 된 아들이 처음 요구한 물건이었다. 남들 다 가는 학원도 "학교에서 배우면 된다"라며 가지 않는 아들이었다. 아들은 컴퓨터에 관심이 많았다. 다른 학원은 싫다던 아들이 컴퓨터 학원을 다니더니 컴퓨터가 갖고 싶다고 했다. '얼만데' 묻지도 않았다. 장순엽 님은 가격이 얼마든 사 주고 싶었다.

"어디 파는데?"

당시 장순엽 님은 신발공장을 그만두고 중앙동에 일자리를 구했다. 장순엽 님이 한 달에 벌던 돈은 20만 원이었다. 사흘 간 중앙동 일대에서 고임금 일자리를 찾았다. 한 고급 갈빗집에 취직했다. 장사 준비를 위해 아침에 출근해 저녁 늦게 퇴근하는 고된 노동이었다.

"그때 점심 장사가 끝나고 짬을 내 아들과 서면 전자상가에서 만났지. 컴퓨터가 얼마인지 보니까 160만 원이더라고. 네 달치 월급이었으니까 당시 돈으로 엄청났지. 남편은 '왜 저런 걸 사 줘서, 하루 종일 쪼그만 거(컴퓨터)만 들다 보고 있게 하냐'고 타박하더라구. 그때 동네에서 컴퓨터 있는 집은 우리 집뿐이었어."

"이야, 그 시절에 컴퓨터요? 아드님 지금 뭐 하시는데요?"

"그때 사 준 컴퓨터 덕분인가. 대학도 기계공학과 나와서 지금은 대기업 연구원 됐어!"

그 어려운 시절에 컴퓨터라니! 장순엽 님의 배포에 빨래방 직원들은 감탄할 수밖에 없었다.

하지만 12년의 식당 서빙 생활에 어머님의 몸은 성한 곳이 없다. 허리도 아프고 눈도 아프다. 옛날엔 먹고살기 바빴다면 요즘은 병원 다니기 바쁘다. 이제 나이 칠십이 넘어 남편과 저녁 먹고 고스톱 치는 게 소소한 일상이 됐다.

"요즘 사람은 상상도 못해. 너무 성실하게 살았던 것 같아."

후회와 자부심이 섞인 말이다.

2022년 칠순이 된 장순엽 님은 더 이상 일은 하지 않지만 그때만큼 요즘도 바쁘다. 병원도 가야 하고 마을 풍물패에서 장구도 치고, 뒤늦게 사귄 마을 친구들과 나들이도 간다. 40년 넘게 살았어도 돈 버느라 바빠 잘 알지 못했던 마을 사람들을 최근에야 만나며 조금씩 친분을 쌓고 있다.

"요즘 재밌어. 바빠도 아주 바빠. 동네에서 장구도 쳐야 되고 에어로빅도 해야 되고 하루하루가 너무 신이 나지. 그래도 그때 고생했으니까 지금 이만큼 사는 것 같아."

장순엽 님의 이야기가 끝이 날 무렵, 자식들에게 하고 싶은 말이 있으신지 물었다.

"남편은 조선소 다니고 나는 갈빗집 서빙하고 정신없이 지내다 보니까 아들한테는 숙제만 잘 해서 학교 가라고 말했어. 옛날에는 숙제 안 해 가면 맞았거든. 맞으면 마음 아프니까. 언젠가 아들이 다 커서 이런 말을 하더라고. '엄마, 아빠가 우리 키았나. 우리끼리 컸지.' 그 말에 마음에 대못이 박히고 미안했어. 우짜든지 지금처럼 잘 살자, 우리 식구들."

가족을 위해 온갖 고된 일도 마다하지 않고, 자신의 삶을 오롯이 가족에게 쏟아낸 장순엽 님의 마음을 이제는 자식들도 알까. 그 지난한 세월을 버텨 현재에 다다랐을 모든 산복도로 어머님들의 삶에 큰 경의를 표한다.

영상으로 만나는 산복빨래방

말하지 못한 엄마의 마음

엄마의 리즈 시절

영화관 나들이 대작전!

이상배

부산 동구 산복도로에 사는 주민이라면 모두 아는 사거리가 있다. 바로 '교통부사거리'. 줄여서 '교통부'라고도 부른다. 빨래방에 오는 어머님, 아버님들과 대화하다 보면 "옛날 교통부 갔을 때"나 "교통부에서"라며 자주 교통부를 언급한다. 교통부는 오늘날 '범곡사거리'의 옛 이름으로, 한국전쟁 당시 현재의 국토교통부인 '교통부' 건물이 인근에 들어서며 자연스레 이곳을 '교통부사거리'로 불렀다.

예전에는 산복도로에서 해운대나 서면, 옛 시청(오늘날 '롯데백화점 광복점' 자리) 등 부산의 어디로든 가려면 교통부까지 내려와 버스를 타야만 했다. 교통의 요충지인 것이다. 특히 근처에는 국내에서 가장 큰 신발공장들이 많아서, 신발공장에 다니던 산복도로 어머님들 삶에서 교통부는 빠질 수 없는 곳이다.

교통부는 일을 마치고 귀가하는 노동자들의 발길을 붙잡는 장사꾼들로 매일같이 시끌벅적했다. 사람이 몰리는 곳이라면 빠질 수 없는 시설도 있었다. 부산 3대 극장 중 한 곳 '보림극장'이 바로 이곳에 있었다. 보림극장은 1960년대 이름을 떨치며 주말마다 연인, 가족들로 문전성시를 이뤘다. 비록 1997년 IMF 구제금융 무렵 경영난으로 폐업했고 2018년에는 간판까지 떨어지며 역사 속으로 사라졌지만 산복도로 주민에게 깊은 추억으로 남아 있다.

"그때 보림극장에서 영화 한 편 보려고 얼마나 줄을 서고 기다렸던지. 당시에 몇백 원 받았는데 그것도 꽤나 컸어. 그때 영화 좀 보고, 결혼하고 나서는 영화 한 편 제대로 못 봤지."

"정말요? 그럼 영화 못 본 지 얼마나 되신 거예요?"

"어디 보자, 내 젊었을 때니까…."

마지막 영화를 본 게 언제인지 제대로 세지도 못하는 어머님

모습에 큰 충격을 받았다. 결혼한 뒤에는 남편과 아이, 시누이와 시동생 등 온갖 가족들을 돌보느라 못 봤다는 어머님의 푸념이 그냥 푸념으로 들리지 않았다.

"영화관은 못 가서 못 가고, 안 가 봐서 못 가는 데지."

우리는 빨래방에 오는 분들마다 영화관을 언제 가 봤는지 조사를 시작했다. 물론 비교적 최근에 자녀와 함께 영화관을 다녀온 분도 있었다. 그러나 1960~1970년대 전성기를 누렸던 '보림극장'에 간 게 마지막이거나, 혹은 아예 영화관을 간 적이 아예 없는 어머님, 아버님도 많았다.

가장 많은 어머님들이 마을 복지관 이야기를 했다. 복지관에서 이따금씩 마을 광장에 스크린을 세워 영화 상영을 한다. 하지만 대부분 철 지난 영화였고 시설도 변변치 않았다. 다리가 아파 멀리 가실 수 없는 분도 많은 데다, 가급적 많은 주민에게 영화를 보여 주기 위해서 어쩔 수 없는 결정이었을 테다. 그러나 요즘 좋은 영화관이 얼마나 많은가. 4DX까지 들먹이지 않더라도, 초대형 스크린 앞 웅장한 스피커가 설치된 최신 영화관이 도시에는 엄청 많다. 영화가 아니라 영화관만

구경해도 별세계가 아닐까.

산복도로 주민을 도심 영화관에 모시기 위해 가까운 거리의 영화관을 물색했다. 다리 아픈 분들이 많으니 먼 곳까지 가기는 어려울 테고, 한두 명이 아니니 우리가 직접 승용차로 모시고 갈 수도 없는 노릇이었다. 호천마을에서 버스로 바로 갈 수 있는 영화관이 하나 있었다. 부산 광복동에 있는 롯데시네마였다.

사회부 기자 생활을 하며 알게 된 롯데그룹 홍보팀 과장님께 전화를 걸었다.

"과장님, 잘 지내셨나요? 다름 아니라… 혹시 작은 사회 공헌 사업 하나 해 보실 생각 있으신가요?"

취지를 설명하며 최대한 정중히 부탁드리려 했지만, 기업 입장에서는 단순히 한 상영관을 내어 주는 수준이 아니라 온갖 팀을 동원해야 할 일이니 결정이 쉽지 않았을 것이다. 그런데 롯데는 흔쾌히 우리의 제안에 응해 주었다.

영화관이 결정되자 우리는 기쁘게 마을에 공지를 돌리고 참가자를 모았다. 많은 어머님, 아버님이 '영화 나들이' 신청을 했다. 빨래방을 제 집처럼 자주 놀러 오는 마을 초등학생 친구들도 함께 영화를 보러 가기로 했다. 거의 50명에 달하는 인원이었다.

우리는 며칠 전부터 마을에서 영화관까지 향하는 버스 동선, 영화관 내부 동선을 답사했다. 오랜만의 나들이에 즐거움만 남겨야지 고생한 기억을 드릴 순 없으니.

영화 상영 당일, 우리는 무전기 네 대를 동원했다. 정류장조, 인솔조, 영화관 안내조 총 세 개 조로 나눠 무전기로 서로 상황을 주고받았다. '007 작전'이 떠오를 정도였다.

주민들은 우리가 직접 만든 옛 극장표를 손에 든 채 영화관에 차례차례 들어왔다. 아이처럼 영화관 스크린에서 눈을 떼지 못하시는 모습에 괜히 뿌듯했다.

관람한 영화는 〈한산:용의 출현〉이었다. 질곡의 근현대사를 온몸으로 헤치며 영화와 같은 삶을 살아왔지만 정작 자신은 볼거리, 놀 거리, 즐길 거리 하나 제대로 못 누린 근현대사의 주인공들. 오늘은 그들이 즐기는 날이라 생각하니 가슴이 웅장해졌다.

함께 마을로 돌아가는 길. 어머님, 아버님은 영화도 좋지만 다 같이 도심 영화관에 나간 추억을 줘서 너무 고맙다며 우리의 손을 꼭 잡았다.

영상으로 만나는 산복빨래방

영화관 나들이 대작전

귤빛으로 물든 밤

이상배

산복도로는 낮만큼이나 밤도 아름답다. 산자락을 따라 길게 늘어선 알록달록한 집들은 어둠이 내려앉으면 잘 보이지 않지만, 대신 골목골목 숨어 있던 가로등이 주황빛을 내뿜는다. 도시의 화려한 빛과는 조금 다르다. 도시의 사무실과 건물 간판이 뿜는 빛이 차갑고 시린 느낌이라면 산복도로의 주황빛은 마치 온도가 있는 듯 따뜻한 느낌이랄까.

주황색의 비밀은 '나트륨등'에 있다. 나트륨등은 나트륨 기체의 방전 효과를 이용하는 등인데, 내뿜는 가시광선 파장 탓에 빛 색깔이 귤이나 호박색에 가깝다. 예전에는 백색등보다 효율이 좋아서 가로등에 주로 쓰였다. 2010년 후반에 들어

나트륨등보다 전력 소모가 적은 LED등이 발달했지만, 빠르게 가로등이 대체된 도심과 달리 산복도로 골목에 있는 나트륨등은 아직 그 자리에 서서 주황색을 내뿜고 있는 것이다.

늦은 밤, 호천마을이 한눈에 들어오는 '호천마을 플랫폼'에 올라가면 이곳을 찾는 많은 관광객을 볼 수 있다. 산등성이에 늘어선 키 작은 주택들, 그곳 사이사이 어둠을 밝히는 귤빛 가로등은 산복도로를 사랑할 수밖에 없는 까닭이겠다.

"어머님은 여기 사시니까 예쁜 산복도로 야경도 매일 보실 수 있겠네요."

"에이, 별로 그렇지도 않아. 우리는 여기 계속 살아서 그런가, 그냥 저녁 되면 집에 들어가기 바쁘지."

이곳에 사는 분들은 항상 아름다운 야경을 보며 즐거워하지 않을까 생각했지만, 역시 매일 보면 덤덤해지는 걸까. 어머님, 아버님의 대답은 생각 외로 무심했다.

"그럴 수도 있겠네요. 야경이 너무 예쁜데 저희는 퇴근하느라 자주 못 봐서 아쉬워요. 야경을 보며 고기라도 구워 먹으면 진짜 맛있을 텐데."

하지만 희망사항일 뿐이지, 실제로 밤늦게까지 이곳에서 수다를 떤다거나 무언가를 먹는 건 상상하기 어려웠다. 빨래를 마저 돌리거나, 기사 마감 때문에 밤늦게 빨래방을 나서는 경우도 많지만, 빨래방이 워낙 주민들이 사는 주거지 가운데 있어 이웃에 큰 실례가 될까 늘 조심스러웠다. 그때 어머님이 툭 한마디 던졌다.

“우리 집 옥상에서 맛있는 거 같이 먹을래?”

“우와! 그래도 괜찮나요?”

우리가 아무리 돈 대신 이야기를 받는다고 말해도, 어머님들 마음은 그렇지 않았나 보다. 우리는 이미 과분한 이야기를 받고 있지만, 어머님들은 늘 호시탐탐 우리에게 무엇을 더 해줄까 고민하고 있었다.

호천마을 버스정류장에 내리면 가장 먼저 눈에 띄는 ‘백용슈퍼’는 마을에서 유일한 슈퍼라고 해도 과언이 아니다. 파티 장소는 바로 백용슈퍼 옥상이었다. 백용슈퍼는 180계단 가장 위에 있어서 옥상에서 내려다보면 호천마을이 한눈에 보인다. 슈퍼 주인인 백영숙 어머님이 기꺼이 파티 장소로 옥상을 내준 덕분에, 밤에 다 같이 모일 수 있었다.

"우와!"

"여기 진짜 멋진데요."

백용슈퍼 옥상에 처음 올라온 빨래방 직원들은 감탄을 금치 못했다. 도로에서 본 야경도 예뻤지만, 역시 전경은 높은 곳일수록 더 잘 보이기 마련이다. 호천마을에서 가장 높은 곳 중 하나인 백용슈퍼 옥상은 최고의 장소였다. 파노라마처럼 길게 이어진 산복도로의 모습. 왼쪽부터 오른쪽 시야 끝까지 산자락을 따라 길게 늘어진 집들과 귤빛 가로등은 우리 눈을 사로잡았다.

이른 저녁, 우리가 고기를 굽는 데 필요한 준비를 하고 있자 어머님들이 한두 분 오기 시작했다. 이날 파티에는 어머님 네 분이 모였는데, 시장에서 산 고기와 각종 상추, 미나리 등을 바리바리 싸 오셨다. 우리는 두 시간 가까이 함께 맛있게 고기를 구워 먹으며 살아온 이야기를 나누었다.

"살기 바쁜데 멍하니 야경 보고 이럴 여유가 어딨었겠노?"

"자식 키우고 가족 뒷바라지하고 일하기 바빴는데 빨래방

식구들 덕분에 이렇게 여기 앉아서 야경이란 걸 다 본다."

'야경 볼 새도 없이 바빴다'는 말. 그날 이 말이 마음에 박혔다. 산복도로 하면 외지인들은 야경을 떠올리지만 정작 산복도로 주민들은 세월 속에 '야경 한번 볼 새' 없이 살아 나갔구나 싶었다. 밤이 내리고 산복도로의 어둠이 모습을 드러낸 시간. 빨래방을 안 했으면 감히 들어 보지 못했을 이야기들이 그 밤을 덮었다. 아, 빨래방 하길 참 잘했다.

영상으로 만나는 산복빨래방

옥상 야경 파티

옥상에서 콘서트를?

이상배

옥상 파티를 하며 산복도로의 귤빛 야경에 흠뻑 젖은 뒤 빨래방 직원들은 고민이 하나 생겼다. 어떻게 하면 주민들이 매일 보는 야경을 여유롭게 온전히 느낄 수 있을까? 그러다 한 아이디어가 떠올랐다. 바로 아름다운 산복도로 야경을 배경으로 멋진 공연을 보여 드리는 것이다!

어머님, 아버님은 체조할 때나 빨래방에서 얘기할 때, 에어로빅을 할 때 언제든 노래만 나왔다 하면 흥에 겨워 따라 부르곤 했다. 어머님도, 아버님도, 몸을 마음껏 움직이기 어려운 어르신들도 노래만큼 쉽게 공감하는 즐길 거리가 없었다. 그렇다면 주민들 귀에 익숙하고 유쾌한 트로트로 공연을 해야 할까? 굳이 우리가 아니라도 복지관이나 마을 축제에서 트로트를 들을 기회는 많으실 터였다. 조금 더 특별한 경험을 안겨 드리고 싶었다.

그렇다면 클래식 공연은 어떨까? 멋진 산복도로 야경이 보이는 옥상에서 펼쳐지는 클래식 공연을 상상하자 그림이 그려지는 것 같았다.

회사 문화부 선배의 도움으로 부산 지역 문화인들의 연락처를 구했다. 피아노를 연주해 주실 분과 성악가, 그리고 그랜드 피아노를 빌리고 옥상에 옮겨 줄 업체를 찾았다. 이 과정에서 부득이하게 회사에 '추가 청구'를 했지만 회사는 '이왕 시작한 거 마지막까지 하고 싶은 걸 해라'며 우리를 응원했다.

우리가 야심차게 준비한 '산복도로 옥상 콘서트'는 마을 축제와 함께 진행하게 되면서 규모가 더 커지는 듯했다. 호천마을 축제를 준비하는 주민협의회와 도시재생센터는 옥상 콘서트 아이디어에 엄지를 치켜들었다. 주민들은 물론 산복도로에 관심이 있는 다른 동네 주민들도 볼 수 있도록 준비를 했다.

하지만 안타깝게도 옥상 콘서트는 열리지 못했다. 콘서트가 열리기 전, 국가에 큰 인명 사고가 일어났다. 모두가 슬픔에 빠져 있어 그럴 분위기도 아니었고, 애도 기간이 선포되며 예정된 축제들도 무산됐다. 그랜드 피아노를 빌리는 것도, 연주가를 모시는 것도 모두 기약할 수 없는 일이 되었기 때문에 취소할 수밖에 없었다. 빨래방을 운영하는 내내 해 보자고 마음먹은 일은 거의 다 해냈는데, 실제로 이루지 못한 기획은 처음이었다.

우리의 아쉬움을 알아챈 듯 주민협의회와 도시재생센터 모두 다음 마을 축제를 준비할 때 '옥상 콘서트'를 추진하겠다고 했다. 산복도로의 특징을 잘 살리면서도, 다른 마을 축제와는 차별된 경험을 마을 주민들에게 선물해 줄 수 있을 것 같다는 이유였다.

이 마음을 이어받은 이들이 언젠가 '옥상 콘서트'를 이뤄 줄 것이라 믿는다. 그때는 기획자가 아닌 주민의 마음으로 다시 산복도로를 찾아야겠다. 밤이 오고 어둠이 내린 산복도로를 배경으로 어머님, 아버님 옆에 앉아 함께 피아노 연주를 듣기 위해서 말이다.

마도로스를 기다리는 부산항의 여인

김준용

빨래방에는 하루에도 여러 명의 어머님들이 찾아와 우리와 시간을 보낸다. 처음에는 10분 남짓 머무르던 어머님, 아버님들도 어느덧 반나절 이야기꽃을 피우다 아쉬운 목소리로 자리에서 일어나시곤 한다. 그만큼 우리가 편해졌다는 의미이기에 다시금 '빨래방 하길 잘했구나' 하는 생각을 한다.

마을 어머님들 대부분이 빨래방을 찾는데, 그중에는 1킬로미터가 넘는 거리를 걸어오는 분도 있다. 배부연 님도 그런 분들 중 한 명이다. 배부연 님은 무거운 빨랫감을 들고 먼 거리를 찾아오는 것만으로도 힘들 텐데 매번 반찬까지 만들어서 가져다주신다.

“지난번에 오징어무침 한 거 맛나다고 해서 또 가져와 봤지. 집에 들고 가서 먹어.”

“어머님, 너무 놀랐습니다. 진짜, 어떻게 이렇게 오징어가 얇고 식감도 좋습니까?”

“내가 바다에서 나는 건 좀 다룰 줄 알아. 우리 남편이 기관장이거든. 남편 바다 나간 뒤에 기다리다가 벌써 40년 세월이 흘렀다.”

1970년대 산복도로는 부산항 ‘뱃사람’들의 삶의 터전이었다. 부산항은 1970년대 해운 산업의 발전으로 호황을 누렸다. 부산항과 가까운 산복도로에도 많은 ‘마도로스’들이 정착했다. 항해 나간 남편을 기다리며 보낸 세월에는 희로애락이 고스란히 녹아 있었다.

“열여섯에 경북 청도에서 부산 사상 신발공장으로 취직 유학을 왔지. 신발공장 다니면 수입이 짭짤하다고 하드라고.”

어머님이 다니던 공장은 꽤 큰 신발공장이었다. 재주가 뛰어났던 덕에 새로운 견본도 척척 잘 만들어 냈다. 공장에서 적

십자 봉사 활동도 다니며 8년간 부지런히 일하며 살았다.

“내가 공장에서 좀 날렸지. 요즘 말로 하면 개발과에서 신발 디자인도 하고. 근데 스물네 살 되니까 결혼 안 하냐 소리가 많이 나왔어.”

어머님에게 중신을 서겠다는 말이 나오기 시작했다. 아직도 시집 안 가고 뭐하냐고 주변에서 닦달하기도 했다.

“갑자기 정문에 누가 와 있다고 하더라고. 올 사람이 없는데 하고 나가 봤는데 키가 억수로 큰 남자가 하나 서 있더라고. 마음에 들었어.”

갑작스러운 중신으로 만난 남편은 자신을 선박 기관장이라고 소개했다. 어머님 눈에는 직업도 멋있어 보였다. 경남 통영 욕지도 출신 남편과 어머님은 1981년 결혼했다.

“그렇게 시집을 왔는데 동생이 일곱인기라. 3남 5녀의 장남.”

빨래방 안에 불현듯 탄식이 쏟아졌다.

“아이고, 동생이 일곱이요?”

“근데 괜찮았어. 우리 집은 9남매거든. 옛날엔 다 그랬어.”

뱃사람인 남편은 부산항에서 출항하면 2개월이 지나야 집으로 왔다. 집에는 배부연 님과 시동생, 시부모님뿐이었다.

"우리 어머니가 얼마나 꼼꼼한지 마루에 앉기 전에 항상 마룻바닥을 쓱 닦고 앉았어. 빨래하는 것부터 애 키우는 것까지 다 배웠는데 그때는 키 큰 남편이 밉더라니까."

"네? 키 큰 남편이라 맘에 들었던 것 아닙니까? 남편이 키가 큰 거랑 살림살이 배우는 것하고 무슨 상관입니까?"

"에이, 살림 안 해 봐서 모른다카이. 키가 크니까 바지도 길고 셔츠도 길고 길쭉길쭉하니 얼마나 접기도 어려운데. 원망스럽더라 진짜."

바지가 길어서 힘들었다니. 70대 어머님만 할 수 있는 위트다.

"아버님하고 연락은 잘 됐습니까?"

"스마트폰이 있나 뭐가 있나. 전화 왔다고 해서 뛰어가서 받으면 남편이 한마디 하더라고. '나 낼모레 부산 갑니다' 그러고는 통화 끝이지 뭐."

뱃사람 남편을 기다리는 건 어머님에게 크게 어려운 일은 아니었다. 하지만 남편이 시아버지의 임종을 못 지켰을 때는 안타까워 많이 울었다.

"뱃사람들은 가족 중대사를 잘 못 챙겨요. 밖에 있으니까. 아버님이 돌아가셨는데 남편이 한마디 하더라고. '잘 화장해서 보내 드리라'라고. 아마 많이 울었을 거야."

어머님은 시집온 그 집에서 아직도 그대로 사신다. 조금씩 수리를 했을 뿐 시집온 당시와 거의 바뀐 게 없다. 딸들은 엄마가 나이 들면서 몸이 아픈 게 그 언덕 많고 계단 많은 산복도로 때문이라며 이사하라고 아우성이다. 하지만 산복도로를 떠나는 건 생각보다 쉽지 않다. 1년에 수차례 바다로 떠나는 남편이지만 남편에게는 어렸을 때부터 살던 산복도로 집이 가장 편안한 보금자리이기 때문이다.

남편이 일을 가고 나면 배부연 님은 집에 혼자 남는다.

"남편이 아무 말 안 하고 바다로 일하러 가는 걸 보면 한편으로 마음이 아파. 좋아해서 하는 일이지만 바다는 항상 위험하잖아. 우리나라 근처에서 작업을 해도 바다에서는 여전히 연락이 안 되는 지역이 있어. 뒷모습을 보면 맨날 걱정이고 연락 올 때까지 안전하게 잘 있는가 싶지. 우리 아저씨도 그렇고 딸도 사위도 건강만 하면 좋겠어. 건강이 최고지 뭐."

빨래방에 오시는 배부연 님은 참 순수하고 여리다. 옛날이야기를 하며 눈시울이 붉어지기도 하고 재미없는 농담에도 항상 크게 웃어 주신다.
가끔 몸이 안 좋아 며칠 집에 있었다는 이야기를 들을 때 마음이 무거워지기도 한다. 어머님 말씀대로 앞으로도 항상 웃는 모습 간직하신 채 건강하셨으면 좋겠다.

영상으로 만나는 산복빨래방

배부연 님의 강인한 삶

빨래방에서 기자로 살아남기

3부

내 유년의 산복도로

이상배

산복도로 골목 바닥과 담벼락이 만난 가장자리에는 지난 봄바람을 타고 씨앗이 깃들었는지 들꽃이 피어 있다. 마을 구석구석 전기를 배달해 주는 전봇대의 전신줄이 하늘을 가린다. 이크, 너무 위만 쳐다보다가는 길 가운데 있는 고양이 똥을 밟을지도 모르니 조심해야 한다.

나는 어린 시절부터 산복도로와 연이 깊다. 모두가 그렇듯 옛 기억은 안개처럼 흐릿하지만, 아주 어린 시절 아빠 등에 매달려 오토바이를 타고 영도 산복도로를 달렸던 기억만은 생생하다. 무서운 마음 반, 궁금한 마음 반에 아빠 등 옆으로 얼굴을 내밀었다. 다섯 살짜리 눈앞에 보인 건 깎아질 듯 가파른 내리막길과 파란 영도 바다, 그리고 양옆으로 도열하듯 선 건물이었다.

조금 더 컸을 때는 부산 동구 산복도로에 살았다. 부모님은 산복도로 어귀 한 공장에서 오랫동안 일하셨다. 항상 출근길에 나를 어린이집으로 데려다주셨는데, 어린이집이 내리막길에 있어서 차에서 내릴 때마다 조금씩 휘청였다. 어린이집이 마치면 봉고차가 집 근처에 나를 내려줬다. 집이 골목 안쪽에 있어 봉고차가 들어갈 수 없었기 때문이다. 선생님과 친구들에게 손 인사를 건네고 내리면, 집까지 계단 30개는 올라가야 했다. 어린 나이에도 힘들다는 생각은 안 했다. 그때는 계단을 오르내리는 건 숨 쉬듯 당연한 거라 받아들였다.

초등학교에 들어간 뒤로 집 밖으로 나갈 일이 많아졌다. 어린이 눈에 산복도로는 그야말로 놀이터나 다름없었다. 2005년, 눈이 잘 내리지 않는 부산에 100년만의 대폭설이 온 적이 있다. 옷을 잔뜩 껴 입고 나갔더니 아니나 다를까, 건너편에 사는 친구들도 하나둘 나오는 게 아니겠는가. 누군가 들고 온 쌀 포대를 썰매 삼아 도로를 누볐다. 차가 와서 위험하다고 생각할 수도 있지만, 눈길 운전에 익숙하지 않은 부산에서 경사진 산복도로를 쌩쌩 달릴 만큼 강심장은 아마 없었을 것이다.

한번은 친구들과 숨바꼭질하다 혼쭐이 난 적도 있었다. 산복도로는 골목길 바로 옆 담벼락을 살짝만 넘어도, 앞집 옥상인 경우가 많았다. 초등학생 시절 친구들과 숨바꼭질할 때 담벼락 바로 위 옥상은 숨기에 너무 매력적인 장소였다. 옥상에 힘껏 뛰어 올라가 물탱크나 장독대 등에 몰래 숨었다.

문제는 이곳이 숨바꼭질 명소로 점점 알려지며 찾는 친구들이 하나둘 많아졌다는 점이다. 바로 이어진 옆집 옥상으로 뛰어서 오가는 대담한 친구들도 늘었다. 결국 오래되지 않아 집주인 할아버지의 "이놈들!" 호통을 들어야 했다. 친구들과 나란히 서서 '다시는 올라오지 않겠다'며 눈물 한 바가지를 쏟고 나서야 집에 돌아갈 수 있었다.

한번은 같은 산복도로에 사는 친구 집에 놀러 갔다가 집을 찾지 못해서 헤매는 웃지 못 할 일도 있었다. "○○ 빌라 2층으로 오면 돼!"라는 친구의 말에 건물로 찾아가는 것까지는 문제없었다. 그런데 이게 웬일. 건물의 1층으로 들어갔는데 402호라고 적혀 있는 것이다. '바로 위층인 502호에 가야 하나, 아니면 지하에 있는 202호로 가야 하나?' 스마트폰도 없었던 데다, 소심한 성격 탓에 문을 두드리지도 못한 채, 뒤늦게 나를 찾아 나온 친구와 마주치기 전까지 한참을 서성여야 했다.

왜 1층인데 402호였냐고? 산복도로에는 종종 특이한 구조의 빌라가 있다. 입구가 건물 앞뒤로 하나씩 있는데, 아래 도로에서는 1층에 입구가 있지만, 훨씬 높은 경사에 있는 위쪽 도로에서는 4층에 입구가 있다. 친구 집을 찾아 헤맨 신기한 경험은 산복도로가 준 재미난 기억 중 하나다.

산복도로는 내게 좋은 추억을 줬지만, 대부분 사람에게 불편한 장소일 것이다. 나 또한 고등학생 시절에는 학교가 까마득히 높은 곳에 있어 등굣길이 참 힘들었다. 매일 오르막길과 내리막길을 번갈아 가며 한참을 걸어야 했다.

열아홉 살이 되던 해, 나는 산복도로를 떠났다. 내 의지보다는 가족의 사정 때문이긴 했지만, 확실히 불편함은 줄었다.

집 앞을 지나는 버스 노선도 늘었고, 오르막보다 평지를 걷는 일이 더 많아졌다.

하지만 왜일까. 가끔 학교를 마치고 밤늦게 산복도로 전경을 보며 집으로 가던 때가 생각난다. 사랑하지 않을 수 없는 아름다운 풍경에 넋을 잃고는 했던 순간들. 산복도로에 살았던 사람들은 모두 이런 애증을 갖고 있지 않나 싶다. 다시 돌아올 거라곤 생각하지 않았던 산복도로를 이렇게 지역 기자가 되어 깊숙이 들여다보게 될 줄은 몰랐다. 왠지 고향으로 돌아가는 기차를 탄 것처럼 몽글몽글해지고, 산복도로 이야기를 할 때마다 가슴 한편이 간질거린다. 이제 그 따듯한 유년의 기억에 산복빨래방이 더해졌다.

젊은 사람들은 잘 모르는 산복도로

김준용

"빨래방 재밌을 것 같긴 한데, 꼭 산복도로여야 하는 이유가 있나요?"

처음 산복빨래방 프로젝트를 시작할 때만 해도, 보경 피디는 산복도로를 잘 알지 못했다. 재화 피디도 빨래방이라는 단어에는 혹하는 듯했지만 산복도로에는 반신반의하는 듯했다. 32살의 나와 25살의 김보경 피디, 29살의 이재화 피디가 산복도로에 가지는 미묘한 온도차가 있었다. 나도 부산의 산복도로를 잘 알지 못했다. 사회부 기사를 쓰며 산허리에 있는 지역을 담당했고, 부산에는 역사와 질곡을 가진 산동네 마을이 많다는 정도만 알고 있었다. 나도 어렴풋이 알고 있었지만 그나마 젊은 부산 사람들 중에서는 산복도로를 많이 알고 있는 편에 속했다.

"영도 흰여울마을이나 감천문화마을 알죠? 그런 데가 다 산복도로입니다."

"아, 거기가 산복도로였어요?"

피디들의 반응을 보며 '오히려 잘 됐다'는 생각이 들었다. 부산 청년들은 산복도로를 잘 알지도 못할 뿐더러 그나마 가진 인식도 감천문화마을, 흰여울문화마을처럼 풍경 좋고 옛 느낌을 간직한 '관광지'다. 부산 언론사라면 부산 젊은이들에게 부산 산복도로에 대해 제대로 이야기해야 한다는 생각이 더욱 강하게 들었다.

산복도로만큼 부산의 근현대사를 응축한 공간이 또 있을까. 한국전쟁 때 피란민들은 산복도로에 거처를 마련했다. 1970~1980년대 산업화 시기 부산항을 중심으로 산업이 발달하며 인근의 산복도로는 노동자들의 보금자리였다. 1990년대 후반 대한민국이 휘청일 때 서민들은 재도약을 꿈꾸며 집값이 저렴한 산복도로에 모였다. 하지만 그 이후, 사람들은 산복도로를 떠났다. 근현대사의 주인공들은 어느덧 노인이 됐고, 산복도로는 쇠퇴하며 근현대사 질곡의 흔적만을 간직한 곳이 됐다.

2010년대 후반 부산시는 산복도로에 수천억 원의 예산을 투입해 '산복도로 르네상스' 사업을 시작했다. 노후된 산복도로를 바꿔 보겠다는 큰 시책사업이었다. 산 중턱 마을 곳곳에는 대형 건물이 들어섰다. 거점시설이라는 이름이었다. 건물에는 강당도 있고 카페도 있었다. 그러나 처음 새로운 시설에 북적이던 주민들은 점점 발길을 끊었다. 수백억 원을 들인 건물만 덩그러니 남았다.

언론은 '덩그러니 남은 수백억짜리 건물'을 조명했다. 제대로 된 도시재생, 산복도로 르네상스가 필요하다고 지적했다. 하지만 르네상스 사업에도 언론의 지적에도 단 하나가 빠져 있었다. 바로 '주민'이 없었다.

한쪽에서 산복도로를 바꾸고 개발해야 한다며 큰 건물이 들어오는 사이, 역설적이게도 개발되지 않은 산복도로의 옛 모습을 보러 사람들이 찾아오기 시작했다. 특히 할머니, 할아버지가 사는 마을에 젊은 사람들의 발길이 이어졌다. '아직도 이런 곳이 있어?', '여기가 드라마에 나왔던 곳이야?' 같은 관광객의 발길이었다.

부산 동구 망양로부터 시작해 중구, 서구를 지나 사하구 어귀까지 이어지는 22킬로미터의 산복도로. 그곳은 역사를 품고 부산을 품었지만 어느덧 그 역사 속 주인공들에 대한 관심, 그들 삶의 여건에 대한 관심은 사라지고 관광지와 사업 실험지가 돼 버린 것 같았다. 소리 크게 외치고 싶었다.

'새로운 시설을 만들어 드리기 이전에 그곳에 사는 사람들이 무엇이 필요한지 알아보고 이야기를 들어야 합니다.'

'여러분이 관광지로 알고 사진 찍고 갔던 곳에는 이런 역사가 있습니다. 어머님, 아버님의 진짜 이야기가 있습니다.'

한국전쟁과 산업화 시기를 살아낸 산복도로 사람들의 굴곡진 생애는 분명 젊은이들을 감동시킬 힘이 있으리라. 관심을 갖고 이야기를 듣지 않으면 그 감동을 전할 방법이 없다. 우리가 산복도로에서 '우당탕탕' 재밌게 지내는 모습을 보여 주면 젊은이들이 산복도로에 무슨 재미난 이야기가 있는 걸까 궁금해하며 귀와 눈을 기울여 주지 않을까.

다행히 빨래방을 통해 젊은 사람들은 산복도로 속 '근현대사의 주인공'을 새로이 알고, 이해하게 된 듯하다. 처음에 왜 산복도로에서 빨래방을 해야 하냐 묻던 보경 피디는 어느 날 내게 말했다.

"친구들이 부산 산복도로가 그런 곳이었냐고 하더라고요. 저희를 찾아오는 분들도 이제 산복도로 역사를 알고 오시기도 하고요. 이 맛에 빨래방 하는 것 같습니다."

영상으로 만나는 산복빨래방

또 다른 산복도로 마을,
흰여울문화마을

유튜브는 처음입니다만

김준용

산복빨래방 프로젝트에 대해 언론인으로서 의미를 찾는다면 뉴 미디어 시대, 새로운 플랫폼을 활용한 도전일 것이다.

언론사는 저마다 유튜브 채널을 운영한다. 신문사, 방송사 가릴 것 없다. 아마 유튜브를 즐겨 본다면 '비디오머그', '14F' 같은 구독자가 많은 채널의 이름을 들어 본 적이 있을 것이다. 이름만으로는 알 수 없지만 이 채널들은 언론사가 운영하는 유튜브 채널이다. '언론사'스러운 무거운 시사 이슈부터 세상의 이목을 끌 화제의 영상까지, 유튜브 세계에서는 언론사 이름보다 더 유명한 '거대 채널'들이다.

언론사가 유튜브 채널을 운영하는 대세 속에 우리 회사도 뒤처질 수 없었다. 부산일보도 2011년부터 유튜브 채널을 운영했다.

우리 회사 유튜브에는 큰 특징 두 가지가 있다. 하나는 '부산의 이야기'라는 점이다. 부산에서 벌어지는 뉴스, 부산의 이야기를 10년 넘게 꾸준히 업로드해 왔다. 두 번째는 형제복지원 피해자 인터뷰 '살아남은 형제들', 부산 해녀들의 이야기 '부산 숨비' 같은 부산일보만이 할 수 있는 콘텐츠다. 유행을 따랐거나 휘발성 강한 재미 위주의 콘텐츠는 찾기 어렵다. 재미와 흥미가 담보돼야 하는 유튜브에서 어떻게 보면 조금 모순적인 방향성일 수 있다.

나는 2021년 유튜브 콘텐츠를 만드는 디지털미디어부로 인사가 났다. 오랜 사회부 생활 끝에 새로운 것을 해 보고 싶은 마음에 지원했다. 유튜브를 즐겨 보기도 했고 '세상이 재밌어 하는 것을 나도 안다'고 할 만큼 자신감도 있었다.

이런 배경에서 2021년, 한때 유명했던 부산 출신 일반인의 근황을 전하는 기획 '부스타(부산 스토리 타임머신)'를 시작했다.

야심찬 출발이었지만 예상 같지 않은 조회 수에 침체되어 있던 어느 날, 알고리즘의 기적은 아주 갑작스럽게 찾아왔다.

"찍지 마라! 뭘 찍는데?"라는 대사로 유명한 부산 자매의 사투리 다툼 영상. 그 주인공들이 출연해 근황을 알리는 영상의 조회 수가 800만 회를 기록했다. 그들을 반기고 재미있어 하는 댓글도 자그마치 2175개나 쏟아졌다. 내게도 지인들의 연락이 쏟아졌다.

"친구들이 '찍지 마라' 영상에 나오는 사람 준용 씨 아니냐는데?" 하는 아내 친구의 연락부터 "용아, 니 유튜버 됐나?" 하는 오랜 친구의 안부 인사까지.

자매의 영상에 함께 등장해 인터뷰를 진행한 나는 순식간에 '800만 유튜버'가 됐다. 8만 명이었던 채널 구독자는 1만 4000명이 늘어 9만 4000명이 됐다.

그때는 800만이 불러올 파장을 미처 몰랐다. 기대 조회 수가 자연스레 '800만'이 된 것이다. 조회 수는 다음 콘텐츠에 대한 부담감으로 돌아왔다. 우리는 더욱 공들여 섭외를 진행해야 했다.

많지 않은 인력 탓에 나는 방송에 출연해 진행하는 것은 물론 섭외 등 할 수 있는 모든 일을 했다. 출연 섭외의 과정은 취재와 매우 비슷하다. 연락처를 수소문하고 전화를 걸어서 출연 요청을 하는 것이니까. 그런데 의외의 복병이 있었다.

"네? 부산일보요? 아…."

"그럼 신문에 기사가 나가는 건가요?"

"신문사인데 영상도 찍나요?"

수소문 끝에 섭외 연락을 하면 대부분 의아해했다. 신문사에서 왜 영상을 찍는지, 왜 일반인의 근황을 찾는 건지 물었다. 결국 마땅한 대답을 하지 못하고, 조회 수와 화제성을 쫓아 전국의 유명인들을 만나기도 했다. 그러나 사람들은 모두 정확히 알고 있었다.

"영상에 나온 저 출연자분 부산 사람이에요?"

"전 부산 사람이 아닌데 왜 부산일보에서 저를 찍으려 하죠?"

이때마다 "유튜브에 지역, 국경이 어딨습니까" 하고 애써 웃으며 답했지만 사실은 현실을 뼈저리게 느끼고 있었다. 이들의 질문은 아무리 유튜브에 경계가 없다지만 언론사 유튜브,

특히 지역 언론사 유튜브는 조금 더 '지역 언론사다운' 색깔이 있어야 하는 게 아닌가 하는 본질적인 물음이었다. 모두가 좀 더 부산일보다운 이야기를 기대하고 있었다.

'부산일보라서 할 수 있는 영상이 뭘까?'

산복빨래방은 그런 고민 끝에 찾아낸 답이었다.

"산복빨래방 영상은 부산일보 채널 말고 따로 채널을 만들어서 연재하고 싶습니다."

내 선언에 회사의 반응은 냉랭했다. 회사에서 큰 금액을 투자한 콘텐츠가 메인 채널에 없다는 건 회사로선 쉽게 납득이 되지 않을 일이었다. 하지만 우리는 타협할 수 없었다. 지역의 이름을 거는 언론사인 만큼 부산일보 채널은 부산이라는 지엽적인 소식을 전한다는 편견으로 인해 확장성 있게 빨래방 소식을 전할 수 없을 것 같다고 생각했다. 또, 언론사 채널에 대한 구독자들의 부담감도 채널 독립을 더욱 확고하게 결심하게 했다.

'산복빨래방 하나만 보고 구독하세요. 빨래방 이야기 외에 다른 건 없습니다.'

우리는 그렇게 지역 언론사 최초로 단일 콘텐츠로 하나의 채널을 운영하게 됐다. 대신, 부산일보 유튜브 채널에도 '재생목록'을 만들어 산복빨래방 채널에 손쉽게 접근할 수 있도록 만들었다.

이러한 시도가 얼마만큼의 성공을 거두었는지는 아직 잘 모르겠다. 여전히 나는 기자로서, 그것도 지역 언론 기자로서 알리고 싶은 무수한 이야기를 잘 전달할 방법을 계속 고민 중이다. 산복빨래방은 이런 고민이 더 많은 시도로 이어져도 괜찮다는 응원처럼 내게 남아 있다.

빨래방은 실패했을까?

김준용

"또 찍나? 못난 할매 찍어서 뭐하게?"

"에이, 누가 못났습니까. 이쁜 할매로 찍어 드릴게요."

전 세계 어느 빨래방에도 빨래방을 찾는 '고객님'을 촬영하는 곳은 없다. '어머님, 아버님들이 카메라로 찍지 말라고 하시면 어떡하지?' 하는 걱정이 들던 때도 있었다. 그런데 의외로 어머님들은 카메라에 거부감을 보이지 않았다. 우려했던 걱정 중 하나가 해결되자 내심 안도했다.

개업 전 빨래방을 알리며 어머님들께 가장 강조했던 말은 '빨래방에서 하신 이야기가 부산일보에 나가거나 영상에 어머님이 나오실 수 있다'였다. 취재를 한다는 이유로 어머님,

아버님에게 피해를 주고 싶지 않았다. 우리에게는 소중한 이야기일지 몰라도 어머님, 아버님에게는 힘들고 어려웠던 시절의 이야기일 수 있기 때문이다.

우리는 어머님, 아버님이 카메라를 의식하거나 불편해하는 기색을 보이면 촬영을 중단한다는 원칙을 세웠다. 그리고 촬영을 위해 먼저 질문하며 이야기를 유도하지 않았다. 그냥 이야기를 하다가 기록해야겠다 싶을 때 카메라를 켰다. 그러자 어머님, 아버님들은 오히려 "재밌는 이야기를 해 줘야 우리 손주들한테 도움이 될 텐데" 하며 우리를 격려했다.

빨래방 운영 2개월 차에 본격적으로 어머님들 이야기가 유튜브와 부산일보 신문을 통해 세상에 알려졌다. 어느 날 갑자기 빨래방에 할 이야기가 있다며 찾아오는 분은 거의 없기 때문에, 매일, 이틀에 한 번, 1주일에 한 번씩 빨래방을 들른 어머님들과 친분을 쌓은 뒤에야 하나둘 옛날이야기를 들을 수 있었다. 과거의 파편화된 기억들을 긴 시간에 걸쳐 툭툭 털어놓으면 그 이야기를 한데 정리하는 건 오롯이 우리의 몫이다. 그래서 2개월이 지나서야 어머님들의 이야기를 첫 공개하게 된 것이다.

"이야, 살다 살다 이런 일을 다 겪네! 진짜 세상 오래 살고 볼 일이야."

빨래방 문을 연 지 10분도 지나지 않아 빨래방에 찾아온 단골 조경자 어머님이 큰 목소리로 외쳤다.

"글쎄, 군대 간 손주가 할머니 유튜브에서 봤다고 전화가 오더라니까?"

놀랍게도 우리의 영상, 기사는 자녀들이 어머니, 아버지의 근황을 확인하고 소통하는 새로운 방법이 되었다. 어느 순간부터는 어머님, 아버님들이 스마트폰을 가져와 유튜브 보는 법을 묻기도 했다.

"어제 유튜브에 어머님 빨래방 오신 거 나갔는데 보셨어요?"

"내가 나왔어? 내가 나온데도 정작 내가 볼 줄을 모르잖아. 좀 가르쳐 줘 봐."

그렇게 빨래방에서는 영상 주인공과 제작진의 시사회도 왕왕 열렸다.

유튜브에 익숙한 이영희 어머님은 매번 댓글을 다셨다. 그리곤 주변 어머님들에게 항상 '좋아요'와 '구독'을 요청하셨다.

"아이, 우리가 빨래하고 이런 거 고마우면 우리 기자님 피디님들 영상에 '좋아요' 댓글을 달아 줘야 돼. 그래야 이 사람들이 회사에서 칭찬도 받고 하지."

어머님의 댓글을 볼 때면 정말 큰 힘이 되었다.

'우리 기자님들 빨래방에서 매일 고생하고 너무 고마워요. 기자님들한테 그냥 한 이야기를 이렇게 이쁘게 정리하고 조명해 줘서 고맙습니다.'

앞으로 우리가 어떤 기사를 쓰고 영상을 만든들, 영상에 등장하는 취재원에게 이런 칭찬을 받을 수 있을까. 영상 댓글창은 독자들만의 공간이 아닌 마을의 공간이기도 했다. 어머님들과 구독자가 달아 준 댓글 하나하나가 매우 귀하고 소중했다.

영상 촬영에 대한 어머님들의 반응과 댓글 창의 분위기는 따스하고 훈훈할지언정, 때때로 어떤 영상에 댓글의 수가 열 개도 달리지 않은 걸 보며 실망하고는 한다. 댓글이 없는 영상은 조회 수도 낮았고, 이는 정량적으로 평가했을 때 성공하지 못한 영상을 의미했다.

같은 업종에 종사하는 기자들은 영상을 만드는 부서에서 어떻게 산복빨래방을 기획하게 되었는지 궁금해했다. 조회 수가 폭발적으로 나오거나 알고리즘을 타기에 산복빨래방은 저널리즘의 목적을 지니고 있어 매우 불리하기 때문이다.

솔직하게 말하자면, 산복빨래방은 조회 수로서는 '실패'했다. 영상 스물네 개의 평균 조회 수는 1500회 남짓이다. 하지만 이것은 나 그리고 우리 회사에 필요한 실패였다. 산복빨래방은 "모두가 조회 수만 말하지만 부산이기에 할 수 있는 콘텐츠를 하자"라는 다짐에 한 발짝 다가선 콘텐츠이기 때문이다. 조회 수에서는 실패했을지라도 프로젝트를 처음 시작할 때의 기획 의도와 목표에서는 다행히 완전한 실패는 아니다.

매번 꾸준히 영상을 챙겨 보는 '진짜 구독자'들과 실제로 만난 순간을 잊을 수 없다. 강원도 양양, 강릉의 구독자는 산복빨래방을 찾으러 부산 여행을 왔다. 심지어 일본에서 취재를 하러 오기까지 했다. 빨래방과 빨래방 영상에 나오는 어머님들을 실제로 만나 보고 싶다는 이유에서였다. 이들은 주민들과 함께 먹으라며 한 손에는 과자 봉지를 들고 빨래방 문을 두드렸다. 다른 콘텐츠에서는 느껴본 적 없는 소통의 맛이었다. 산복빨래방으로 처음 부산 산복도로를 접했고 부산의 이야기에 관심이 생겼다고 말하는 구독자들의 이야기는 어떤 숫자와도 바꾸고 싶지 않았다.

산복빨래방 채널 구독자 수는 4000명 남짓이다. 구독자 10만 명의 채널이 비일비재한 세상에서 매우 적은 숫자다. 하지만 4000명의 구독자는 빨래방을 운영하는 데 큰 힘이었다. 그들은 단순히 숫자가 아닌 매주 빨래방을 아끼고 지켜보고 응원하는 진짜 구독자들이었기 때문이다. 그 속에 산복도로 어머님들이 있다는 것을 알기에 더욱 뜻깊은 숫자다.

조회 수만 쫓는 것을 넘어 지역 언론사가 조명해야 하는 지역의 이야기에 집중했던 '정공법'에 구독자들은 박수를 보내주었다. 조회 수라는 성적표가 시시각각 나오는 유튜브 전쟁터에서 '진짜 구독자'를 찾는 낭만은 '자기 위로' 아니냐 할 수도 있다. 하지만 자극적인 유튜브 세상에서 4000명의 구독자들에게는 정공법이 신선한 자극으로 느껴진 게 아닐까.

"부산 이야기를 이런 방식으로 하는 곳이 있다니", "할머니들의 이야기에서 위로를 받았다"라는 댓글에서 유튜버로 '현실 자각 타임'에 빠졌던 시간도 큰 위로를 받았다.

빨래방 조회 수 실패에는 큰 걱정이 되지 않는다. 언젠가, 가까운 시일 내에 조회 수와 의미 모두를 찾는 진짜 부산 이야기를 담은 콘텐츠가 등장할 것이기 때문이다. 우리 회사에는 부산 이야기를 나보다 더 재밌고, 의미를 찾으면서 조회 수라는 결과까지 낼 수 있는 잠재력을 가진 똑똑한 '미래 유튜버' 후배들이 매우 많으니까.

영상으로 만나는 산복빨래방

산복빨래방을 바라보는 시선들

오래도록 그 자리에

김준용

"하이고, 젊은이들이 좋은 일 하시네. 빨래를 공짜로 해 준다고 하니 우리야 고맙지."

주민들에게 빨래방을 연다고 말을 꺼냈을 때 가장 많이 들은 말이다. 우리가 빨래방에서 하는 일은 '좋은 일', 그러니까 주민들에게는 '복지'였다.

산복도로는 이미 수많은 도시재생 사업이 스쳐간 곳이다. 많은 주민센터와 복지관은 주민에게 '수혜'를 주기 위해 일했다. 자연스레 주민들은 돈을 받지 않는 복지사업으로 빨래방을 이해했다.

'복지'라는 이야기를 들을 때마다 우리는 손사래를 쳤다.

"아니요, 저희는 부산일보에서 왔어요. 어머님들이 산복도로에 처음 오신 이야기, 살아오신 이야기를 들으러 왔습니다. 어머님, 아버님의 이야기를 듣는 대신 저희가 말동무도 되어 드리고 빨래도 깨끗하게 해 드리겠습니다."

주민들은 갸웃했지만 이내 좋아했다.

"말동무를 할 젊은 사람이 생기니 다행이네."

"젊은이들 덕분에 마을이 더 살기 좋아진다."

도시재생이라는 다소 생소한 말 대신 주민들이 쉽게 받아들이는 말은 복지다. 주민들은 "산복빨래방이 오래 있으면 좋겠다"라고 여러 번 말했다. 이전에 마을에 들어왔던 사업들이 지속되지 못하고 결국 흐지부지된 경우가 많았기 때문일 것이다. 도시재생 시설의 가장 큰 문제는 '시설의 공동화'다. 기껏 큰돈을 들여 커다란 시설을 만들어 봤자 주민들이 이를 이용하지 않거나 끝내 문을 닫는 사례들은 셀 수 없이 많다. 그래서 산복빨래방을 처음 기획할 때부터 실패한 주민 시설의 전철을 밟아서는 안 된다고 다짐했다. 우리가 산복빨래방을 떠나더라도 이 시설은 주민을 위해 계속 남아야 했다. 이를 위해 주민협의회와 업무 협약을 맺는 등 관련된 노력을 게을리하지 않았다. 구청이나 후원 기업을 떠올린 적도 있지만, 결국 주민의 손에서 꾸준히 이어지는 게 맞다고 생각했다.

“부산일보는 2000만 원을 들여 집을 수리하고 빨래방 시설을 만들 겁니다. 언제가 될지 정확히 모르겠지만, 우리가 떠나면 모든 빨래방 시설은 마을에 기부하겠습니다.”

우리가 마을에 바라는 것은 딱 하나였다. 바로 우리가 떠나더라도 호천마을 주민협의회가 산복빨래방을 원래 빨래방으로 계속 운영하는 것이었다. 호천마을 주민협의회도 흔쾌히 동의했다. 언론사가 운영하는 무료 빨래방은 그렇게 주민의 손에 다시 돌려드린다는 끝이 정해지고 나서야, 비로소 본격 출발하게 됐다.

하지만 6개월이란 시간이 거의 지나 우리가 산복빨래방을 떠날 시간이 다가올 때 즈음, 원래 계획대로 호천마을주민협의회에 인수인계를 하는 건 쉽지 않았다. 빨래방 시설은 문제가 없었다. 우리가 산 최신식 세탁기와 건조기는 두 계절 내내 돌아갔음에도 훌륭히 버텨 주었다. 수도세, 전기세 등도 생각보다 얼마 나오지 않았고, 주요 소비재 중 하나인 세제는 산복빨래방 취지에 공감한 세제 회사의 기부 덕분에 어느 정도 해결되었다.

그러나 앞으로의 운영비가 문제였다. 그동안 부산일보가 부담한 전기세와 수도세를 마을 주민협의회가 내기엔 쉽지 않았던 것이다. 당연히 돈을 받으면 수도세, 세제비라도 보태는 데에 도움이 되겠지만, 어머님, 아버님이 빨래방을 찾는 데 장벽이 될 게 뻔했다. 전적으로 무료로 계속 유지를 하기 위해서는 주민협의회가 다른 사업에서 낸 수익을 빨래방 운영 비용으로 써야만 했다.

사람도 문제였다. 우리는 평일 오전 10시부터 6시까지 항상 빨래방을 지켰다. 문 열 준비를 하려면 오전 9시에는 출근을 해야 한다. 하지만 평일 매일 이곳을 지킬 사람을 찾는 것은 쉽지 않았다. 주민협의회는 구청에서 인력을 지원받아 보려고 했지만 여러 절차가 필요해 당장 해결할 수 없는 문제였다.

누군가는 무인으로 하면 어떻겠냐고 말한 적도 있다. 우리가 산복빨래방을 한창 운영하고 있을 때도 들었던 말이다. 빨래를 가져온 사람이 직접 세제를 넣고 빨래를 돌리면 어떻겠냐는 것이다. 여타 다른 코인 빨래방처럼 사람이 없어도 운영이 되지 않겠느냐는 논리다.

하지만 이것은 도시의 기준으로 생각하기 때문에 생기는 오류다. 어머님, 아버님은 빨래 그 자체만을 위해 잘 오지 않는다. 빨래는 하나의 매개일 뿐이다. 산복빨래방이 잘 운영됐던 이유는 결국 그 안에 사람이 있었기 때문이다. 사람과 소통하고 이야기할 수 있다는 것은 빨래방을 찾는 매우 중요한 이유였다.

물론 정말 빨래만이 필요해 오는 분도 있을 수 있다. 하지만 산복빨래방에 있는 세탁기는 가정용이라 정말 코인 빨래방에 있는 것처럼 세탁이 빨리 되지 않는다. 설령 시간을 단축할 수 있다고 해도 어머님, 아버님이 빨래를 돌린 뒤 거기 앉아 기다리는 것도 어렵다. 빨래를 개기도 어렵다. 결국 '빨래를 해 준다'는 행위 하나만 볼 게 아니라 빨랫감을 받아 주고, 이야기를 나누고, 빨래를 도와주고, 개어 놓아서 다음에 왔을 때 가져갈 수 있게 정리하기까지 일련의 과정이 필요하다. 즉 시설이 아니라 지속 가능한 운영이 더욱 중요하다는 의미이다.

이렇게 하는 게 너무 과하다고 생각할지도 모르겠다. 하지만 살아 있는 빨래방이 되기 위해서는 반드시 필요한 과정이라고 생각했다. 많은 도시재생 시설은 이런 과정을 다 생략하고 '빨래를 해 준다', '시설이 있다'는 것만 주목하기 때문에 결국 정작 주민이 외면하는 곳이 되어 버린다고 생각했다.

다행히 이런 문제들은 인수인계를 하며 조금씩 해결됐다. 산복빨래방에 항상 사람이 있을 수는 없으나 정해진 요일에 빨래를 한 번에 접수받은 뒤 순서대로 빨래를 돌리기로 했다.

또한 주민협의회장님이 한동안 빨래방에 출근하시고, 구청의 인력 파견 사업 지원을 받아 운영을 이어 나갈 계획이라고 한다. 아쉬운 부분도 있지만 개선을 해 나가면서, 산복빨래방은 계속 어머님, 아버님 곁에 남을 수 있게 됐다.

2022년 10월 31일로 산복빨래방 직원들은 빨래방을 떠났다. 이제 빨래방은 오롯이 마을의 품으로 돌아갔다. 그 뒤 산복빨래방은 주민협의회와 부산진구청의 공동 도시재생사업으로 운영을 이어가고 있다. 우리는 떠났지만 빨래는 멈추지 않고 있다.

영상으로 만나는 산복빨래방

빨래방은 계속됩니다

그기 기사가 되나?

이상배

빨래방에서 산복도로 주민들의 이야기를 듣고 기록하려고 한다고 이야기했을 때 많은 동료 기자들은 이렇게 물었다. "그기 기사가 되나?" 또, "저널리즘에 맞지 않다"라고 말하는 데스크도 있었다.

기자의 일은 흔히 '저널리즘'이라는 단어로 표현된다. 저널리즘이란 무엇일까. 좁은 의미에서는 신문과 잡지를 통해 대중에게 시사와 의견을 제공하는 활동이다. 하지만 오늘날 라디오, 텔레비전, 유튜브, SNS 등이 발달하며 플랫폼을 따지는 건 의미가 없어졌다. 시사와 의견도 어디까지가 저널리즘의 영역인지 모호하기는 마찬가지다.

하지만 기자들이 말하는 저널리즘이란 '사회 변화', '정의 실현', '비판' 등의 역할에 조금 더 비중을 두는 것 같다. 누군가를 비판하고, 또는 시민들이 불편한 게 있다면 그것을 지적해 더 나은 방향으로 제도나 정책을 바꾸어 나가는 것. 그것이 기자가 포착해야 할 일이자 '진짜 기사'로 쳐준다.

산복도로 주민들의 이야기를 스토리텔링하는 게 저널리즘으로 불릴 수 있느냐, 좀 더 쉽게는 '기자가 해야 하는 일인지'에 대한 질문은 어쩌면 당연했다. 연재 형식은 물론 내용도 기존 저널리즘과는 거리가 있어 보이기 때문이다.

산복도로에 빨래방을 차리는 것, 신선하다. 하지만 어머님, 아버님의 이야기를 '효율적'으로 취재하는 것이 아니라, 함께 살며 '비효율적'으로 취재하는 것에 대한 우려도 있었다.

기자의 취재는 효율적이어야만 한다. 기자 한 사람이 얼마나 많은 지역을 돌아다닐 수 있을까? 부산에만 16개의 기초지자체가 있다. 개인이 이 지역의 모든 것을 알기에는 지나치게 넓다. 흔히들 기자에게 '현장에 가야 한다'고 한다. 하지만 현장에서는 볼 수 없는 것도 많다. 오히려 현장에 반드시 가야만 할 상황을 정확히 가려내고, 필요할 때만 현장에 갔다 금세 나오는 게 필요하다. 그러지 못하면 현장만 돌다가 정작 기사의 데드라인을 놓치는 최악의 실수를 한다.

그런 의미에서 산복빨래방은 매우 비효율적인 기획이다. 산복도로에 대해 알고 싶으면, 전문가에게 연락해 물어보면 된다. 주민 인터뷰가 필요하다면 지자체 등을 통해 주민 대표에게 연락해 물어보면 된다. 그렇게 취재를 종합해 자료나 팩트를 찾으면 된다. 이는 하루의 취재 과정을 거쳐 하루치 단편 기사가 될 것이고, 여러 번 반복해서 몇 편의 기획 기사가 될 수도 있을 것이다.

일반적인 기사 작성 방식과 달리 6개월 넘게 살면서 일주일에 한 번씩 기사와 영상을 낸다니. 굳이 그곳에 빨래방이라는 시설을 차리고, 주민과 직접 대면하며 기자가 '빨래' 서비스까지 제공하며 취재를 한다는 것에 모두가 낯설어할 수밖에 없었다.

그러나 무엇보다도 과연 산복도로의 이야기가 기사가 되느냐는 것에 사람들은 가장 큰 의문을 가졌다. 산복도로는 부산 사람에게 매우 친숙하다. 부산 사람 누구나 도심을 지나기 위해 산복도로를 달려 봤을 것이다. 2010년 들어 여러 도시재생 사업이 시작되면서 산복도로는 더욱 유명해졌다. 그런 산복도로에 사는 어머님, 아버님의 이야기는 특별한 사람, 지역의 이야기가 아니라 '기사화'되지 않는 평범한 이야기로 치부됐다.

'등잔 밑이 어둡다'라는 먼지 쌓인 속담을 굳이 꺼내지 않더라도, 너무 가까우면 제대로 보기 어렵다. 산복도로에 있는 부산의 이야기도 그렇다고 우리는 생각했다. 지역에 사는 사람이기 때문에 지역에 대해 잘 알기도 하지만, 반대로 너무 익숙한 나머지 무심히 지나치기 쉽다. 우리는 낯설게 보기 위해 산복도로라는 공간에 시설을 만들기로 했다.

콘텐츠는 누군가 보아야 의미를 갖는다. 아무도 보지 않는 내용이라는 건 세상에 없는 것이나 마찬가지다. 산복도로에 대한 이야기를 '누가 볼까' 걱정했다. 산복도로와 부산 근현대사는 이미 학술적으로 충분히 정리되어 있다. '충분히'라는 건 우리가 쓰기에 옳지 않은 단어일지는 모르겠으나 새로이 기사화될 만큼의 내용이 없다는 뜻이다. 분명 부산이라는 지역의 역사를 고스란히 담은 지역은 맞지만 여기서 나오는 내용은 부산 사람에게 어디까지나 '새롭지 않은' 것이었다. 그런데 역설적이게도 대부분 독자들은 부산 지역에 대한 역사를 잘 모른다. 그렇다면 학술적으로 잘 정리된 내용을 제시만 하면 되는 걸까.

우리는 그렇지 않다고 생각했다. 같은 주제 의식에서 출발했더라도 전혀 다른 결과를 낼 수 있다. 언론사가 직접 돈을 들여 빨래방을 차린다는 신선함으로 눈길을 끌고, 기자가 직접 빨래방에서 주민들과 동고동락하며 어머님, 아버님들의 생생한 구술 영상을 스토리텔링하면 재미와 의미 둘 다 잡을 수 있다고 자신했다.

기자의 역할은 새로운 팩트와 기사를 발굴해 내는 것이다. 거의 맞는 말이다. 하지만 있는 정보나 내용을 색다르게 또는 잘 정리해서 독자들 입맛에 맞게 큐레이팅 또는 재해석하는 것도 점차 중요해지고 있다.

이는 지역 신문에서 더욱 그러하다. 지역의 이야기는 전국 독자들에게 쉽게 닿지 못하고 사라지기 때문이다. 자극적인 기사로만 소모되기 십상이다. 지역에 뿌리내린 언론이라면 지역의 이야기를 발굴하고 재미있게 포장해야 한다. 이런 생각은 산복도로라는 지역의 가치 있는 이야기를 세상에 내보이고 싶다는 산복빨래방 기획의 토대가 되었다.

이야기를 들어 주어 고맙다

이상배

기자는 항상 다가오는 걸 기다리기보다 누군가에게 다가가는 일을 한다. 다가갔을 때 환영보다는 거절을 많이 당하는 숙명도 함께 짊어져야 하는 것은 물론이다.

산복도로 주민 역시 우리가 다가가야 하는 존재였다. 우리를 귀찮아하진 않을까, 자신들의 삶을 꼬치꼬치 캐묻는다고 언짢아하진 않을까. 여느 취재를 나가기 전처럼 그런 걱정에 시달렸다.

"청년들 어디서 왔노?"

"여기가 빨래방이라고? 하이고, 여기서 빨래방이 되겠나. 고생이겠네."

"그런 거 있으면 말동무도 되고 좋지! 꼭 가 볼게."

주민들은 낯선 청년들이 마을에 무료 빨래방을 차린다는 말에도 호의를 갖고 우리를 대해 줬다. 자신의 이야기가 기사화되는 것을 꺼리지도, 촬영을 싫어하지도 않았다. 오히려 자신의 이야기를 하는 것을 즐기고, 점점 많은 걸 함께 하길 원했다. 어느새 우리는 다가가는 것이 아니라 어머님, 아버님의 정에 이끌리고 있었다.

봄 소풍이 유행처럼 마을에 번진 따스한 날. 빨래방에 삼삼오오 모인 어머님들은 저마다 소풍을 어디로 떠날까를 두고 소녀처럼 까르르 웃었다. 당시 청와대가 막 시민에게 개방됐는데 어머님, 아버님들은 관광버스를 대절해 함께 타고 구경 다녀오시곤 했다.

그러던 중 빨래방 공식 1호 손님, 이영희 어머님도 친구들과 소풍을 떠난다는 소식을 들었다. 그런데 특이하게 기장 바다에 고동을 따러 간다고 하는 게 아니겠는가?

"맨날 기장에 같이 놀러 가는 친구들 있어. 거기서 고동도 따고 놀면 재밌지!"

"어유, 햇볕 아래에서 고동 따면 안 힘드세요?"
"힘들지! 그래도 같이 모여서 돗자리 깔고 이야기하고 재밌게 노는 맛에 가는 거지."
"저도 거기 가도 되나요?"
나도 모르게 절로 나온 말이었다. 친구들끼리 떠나는 소풍에 예고 없이 따라오는 청년이 싫을 법도 한데 "그러엄! 내가 부를 때 와!"라며 호탕하게 웃으셨다.
그렇게 떠난 기장 바닷가. 낯선 마을분도 있었지만 하나같이 우리를 반겨 주셨다. 새로 온 청년이 뭐가 그리 반가운지 이것저것 돌아가며 물어봤다. 곧 결혼을 앞둔 나의 이야기, 사위들이 얼마나 잘하는지 자랑하는 어머님들 이야기. 삼삼오오 이야기꽃 속에서 기장 바다를 뒤로 한 채 먹는 김밥과 커피는 얼마나 맛있던지. 어머님들이 각각 집에서 가져온 나물을 한껏 밥에 비벼 나눠 먹을 때는 마치 가족이 된 것 같은 기분마저 들었다.
다가감이란 무엇일까. 내가 이 사람에 대해 알고 싶다는 것, 이 사람의 이야기가 궁금하다는 것이다. 우리는 산복도로의 이야기를 알고 싶어 '기자'로서 다가갔다. 하지만 가까이 마주했을 때 우리는 산복도로에 사는 어머님, 아버님들의 '손주'가 되어 있었다. 역설적이게도 기자였을 때보다 손주였을 때 더 생생한 산복도로 이야기를 들을 수 있었다.

그런 고민을 한 적이 있다. 우리가 이렇게 주민들을 카메라로 촬영하고, 이야기를 듣고 정리할 자격이 있을까? 어머님, 아버님들의 산복도로 이야기를 우리가 마치 관음하는 것은 아닌가. 실제로 그런 댓글도 더러 있었다. 산복도로에 사는 사람들을 우스갯거리로 만든다고.

하지만 정작 주민들은 오히려 이야기를 들어줘서 고맙다고 손잡아 주셨다. 모두 기꺼이 자신의 이야기를 내어 줄 준비를 하고 있었다. 오히려 우리가 어머님, 아버님의 이야기를 진심으로 들을 준비가 되었는지 반문하게 됐다. '누구도 귀 기울이지 않았던 산복도로 어르신들의 이야기를 닦고 보듬어 세상에 내보이자.' 우리에게 다가와 준 그들을 보며 한 다짐이다.

지역에서 기자로 살아가기

김준용

"우리 빨래방 잘되면 김 기자도 좋은 데 가고 얼마나 좋아."

"좋은 데요? 좋은 데가 어딥니까?"

"서울도 가고 방송사 뉴스에도 나오고 해야지."

빨래방에 오는 어머님들은 이따금 덕담으로 좋은 곳으로 가라고 말을 건넸다. 어머님들 나름의 최고 덕담이지만 기분은 오묘했다. 사실 오래간만에 들은 '좋은 곳' 덕담에 옛 기억이 소환됐다.

2015년 부산일보 기자가 됐을 때 많은 사람이 물었다. 서울 친구들이나 서울 지인들은 "서울에 언제 올 건데?"라고 물었다. 부산에서 만난 취재원들은 "김기자, 잘 돼서 서울 가야지"라고 했다. 아무리 사람은 서울로 보내고 말은 제주로 보내라지만, 부산에서 일을 시작한 나에게는 충격적이었다. 노골적으로 "이직 안 해요?"라고 물어보는 사람도 많았다.

언론계를 떠나 어떤 회사든 간에 "성공해서 이직하세요"라는 말은 예의 없는 덕담으로 느껴졌다. 부산에서 잘해서 서울 좋은 언론사로 가라는 말인데, 당시에는 그 말이 그렇게 듣기 싫었다. 지역에 있는 회사를 얼마나 낮게 보기에 이걸 덕담이라고 하나 싶은 기분도 들었다. 이제는 귀에 딱지가 앉을 만큼 익숙한 말이 됐지만, 지금 생각해 보면 중앙 언론사가 다루는 수도권 소식이 '좋은 뉴스', '중요한 뉴스'라는 인식이 너무 깊게 박혀 있고, 지역 뉴스는 찾기조차 어려운 '기울어진 운동장' 탓에 나온 이야기라고 생각한다.

서울 가라는 말 이상으로 또 많이 들은 질문이 있다.

"요즘 뭐 하니?"

서울에서 대학을 다니다 부산에서 기자를 하겠다며 돌연 '부산행'을 결정한 나에게 서울 친구들은 안부를 묻곤 했다.

그때는 그 질문도 그렇게 싫었다. 당시에는 지금과 달리 포털에서는 중앙 언론만 노출되던 시절이었고 서울에서 부산일보를 찾아보기 어려웠다. 기껏 기사를 구해 봐도 부산 이야기만 가득하니 서울의 일상에는 맞지 않았을 테다. 매일매일 그날의 취재를 하고 다음날 기사로 내보내는 기자에게 '요즘 뭐 하니?'라는 질문은 무력감을 줬다. 당장 자신 있게 답할 수 있는 기사, 콘텐츠를 만드는 기자가 되고 싶었다.

요즘 뭐 하는지 설명할 수 있는 기자가 되는 건 매우 어려운 일이었다. 흔히 말하는 특종을 하거나 모두가 관심 있어 하는 주제를 취재해 기사를 써야 한다고 생각했다. 하지만 여러 해가 지나면서 내 생각이 틀렸다는 결론에 도달했다.

2016년 8월 어느 금요일이었다. 데스크에서 전화가 왔다. 당시 나는 월요일 신문 기사 준비를 위해 부산 강서구 가덕도에 있었다.

"준용아, 교도소에서 동생이 죽었다는 제보가 왔는데 지금 바로 강서구에 있는 부산교도소로 가 봐라. 번호 불러 줄게."

'교도소에서 사람이 죽었다.' 많은 생각이 스쳤다. 그해 여름은 무척 더웠다. 열사병인가. 누가 혹시 때렸나. 30분 남짓 차를 몰고 교도소로 가면서 최대한 고민하고 가설을 세웠다. 하나는 확실했다. 납득 가능한 범위의 죽음을 이유로 언론사에 전화할 이는 없었다. '교도소를 어떻게 취재하지?' 입사 1년이 갓 지난 나에게는 아직 경험해 보지 못한 새로운 일이었다. 선배들은 병원으로, 유족에게로 향했다. 나는 무작정 부산교도소에 차를 세우고 교도소장 사무실로 향했다. 교도소 의무기록, 병원 기록, 재소자의 교도 일지를 확보했고, 교도소에서도 기꺼이 자료를 공유했다. 몇 시간이나 방을 떠나지 않고 관계자에게 묻고 또 물었다. 교도소장은 예상하지 못한 죽음에 자신들도 당황스럽다고 수차례 말했다. 하지만 자료는 '교도소의 방치에 따른 열사병'이라고 말하고 있었다.

취재를 마치고 주말임에도 부지런히 자료와 선배들의 취재를 정리했다. 그 사이 한 통의 전화가 걸려 왔다.

"교도소에서 한 명이 더 죽었다고 회사에 전화가 왔네."

이틀 사이에 부산교도소에서 두 명의 재소자가 하늘로 떠났다. 교도소의 열악한 상황과 재소자 인권 문제를 한 달에 걸

쳐 보도했다. 한 달여간의 연속 보도로 부산교도소장은 전격 교체됐다. 국가인권위원회, 법무부도 두 재소자 사망 사건에 대한 조사를 시작했다. 유가족들은 국가를 상대로 한 민사소송 끝에 3년 뒤 승소했다. 이후 교도소의 인권은 조금이나마 개선됐고 부산교도소에서는 더 이상 사람이 죽지 않았다.

보도 이후로 내게는 교도소 재소자, 재소자 가족들이 보내는 편지가 1주일에 서너 통가량 왔다. '부산일보의 보도 이후 교도소가 그나마 조금 나아졌다'는 내용과 함께 열악한 교정 실태를 담은 편지였다. 그리고 얼마 후, 나는 처음으로 한국기자협회 '이달의 기자상'을 받았다.

이 기사는 전국에 이슈 몰이를 하며 국민의 분노를 낳았던 사안은 아니다. 당시 중앙 언론에서도 교도소 사건을 보도했지만 두세 줄짜리 짧은 기사였다. 방송 뉴스에는 짧은 단신으로 보도됐다. 교도소 사건뿐 아니라 매우 많은 일들이 지역이라는 이유로 두세 줄짜리 짤막한 기사로 사람들에게 알려진다. 부산에 태풍이 와도 누군가 인명 피해가 생기지 않으면 뉴스특보 같은 방송에서는 쉽게 찾기 어렵다. 하지만 그렇기에 지역에는 그 지역의 일을 다루는 기자가 필요하다고 생각한다. 지역 기자들이 열심히 들여다보면 세상이 조금이나마 바뀔 수 있다는 것을 나는 교도소에서 가족을 잃은 유가족의 절규에서 배웠다. 산복빨래방만큼이나 나에게 값지고 기억에 남는 경험이었다.

이때 나는 더욱 깨달았다. 내가 해야 할 일은, 할 수 있는 범위에서 사람들의 이야기를 듣고, 잘못된 시스템을 파헤치고, 조명 받지 못한 곳의 이야기를 듣는 것이다. 내가 지역 언론사에서 일하며 월급을 받고 기자라고 불리는 이유를 해가 지날수록 다양한 사람, 사건, 현장을 취재하면서 배웠다. 비록 세상이 모를지라도, 친구가 모를지라도, 세상을 뒤바꿀 특종이 아니더라도 내가 할 수 있는 일이 누군가에게는 가장 필요하고 절실한 도움이 될 수 있다는 것을.

부산에서 일하는 이유

김준용

산복빨래방이 문을 연 뒤 언론계에서는 회사의 결정에 큰 박수를 보냈다. 다른 회사 동료 기자들은 "우리 회사라면 돈을 안 줬을 것이다"라고 말했고 다른 회사 데스크급 선배들은 "부산일보의 결정이 기존 상식으로는 쉽게 이해 가지 않는다"라는 말로 회사를 평가했다. 빨래방이 6개월이라는 긴 시간 동안 산복도로에서 어머님, 아버님들과 웃고 떠들며 세탁비 대신 이야기를 받을 수 있었던 건 회사 덕분이다.

회사 돈으로 살뜰히 공간과 전자기기를 마련했다. 23킬로그램 세탁기 두 대, 18킬로그램 건조기 두 대로 6개월간 고장한 번 없이 마을 빨래 504개를 소화했다. 아, 더운 여름 직원들의 하소연에 선풍기와 에어컨도 회사 돈으로 설치했다. 그러니 정확히는 2000만 원이 아닌 2100만 원쯤 될 것 같다. 수도 요금과 전기 요금, 기타 소품, 세제 비용, 공간 임대료 등의 비용은 지역신문발전위원회 취재기금을 활용했다.

수도 요금과 전기 요금은 매일 네다섯 개의 빨래를 돌리고 건조해도 한 달에 10만 원이 나오지 않았다. 전기 요금은 매달 나오지만 수도 요금은 두 달에 한 번 나오는데 두 달 치 요금이 10만 원이 넘지 않아 우리 모두 영수증을 보고 크게 안도했다. 다행히 우리는 파산하지 않았다. 지역신문 취재기금과 회사의 투자로 6개월간 세탁기는 멈추지 않고 돌아갔다.

사실 산복도로에서 빨래방을 하며 어르신들과 호흡한다는 좋은 취지이니 후원을 해 줄 기업을 찾아볼까 하는 생각도 했다. 아니면 부산시의 예산, 지자체 예산으로 빨래방을 만드는 것도 좋겠다는 생각도 들었다. 마음이 모이면 의미가 더 커질 수 있을 테다. 하지만 기업의 사회적 공헌이 대세라고 기사를 쓰는 언론사이니만큼 우리 회사에서의 사회적 공헌도 필요할 것 같았다.

대기업이나 사회적 기업이 아니라도 지역의 신문사가 지역 콘텐츠를 만들기 위해 지역에 투자하고 그 가치에 깊이 공감, 참여하는 이야기가 빨래방의 첫 단추였으면 했다. '○○ 기업이 빨래방 조성을 협찬했다'라는 문구 대신 '회돈회산(회사 돈 주고 회사가 산 물건으로 진행하는 프로젝트)'이라는 당찬 문구를 적고 싶었다. (물론 산복빨래방이 문 열고 도움을 준 기업, 단체도 있다. 빨래방 자문을 해 준 부산연탄은행, 한 세제 회사에서는 빨래 세제를 후원해 줬고, 마을 주민들의 영화관 나들이에 선뜻 도움을 준 기업도 있다.) 젊은 기자, 피디가 회사의 지원 속에 우당탕탕 빨래방을 만들어 가고 고민하는 과정을 통해 보여 주는 것이다. 지역 언론이기에 할 수 있는 이야기가 바로 이것이라고! 요즘 말로 '뇌피셜'로 상상했을 때 너무 아름다운 그림이었다. 언론사가 관찰자를 넘어 직접 참여자가 되는 것도 산복빨래방이 가야 할 길 중 하나라고 생각했다. 우리가 상상한 아름다운 그림은 멋있게 성공했다.

"부산일보를 다시 봤다. 부산일보가 이런 것도 하느냐."

산복빨래방 6개월 여정에서 가장 많이 들은 칭찬이자 의미가 남다른 말이다. 산복빨래방 덕분에 많은 상을 받으며 과분한 시간을 보냈지만 어떤 상보다 가치 있는 평가는 '지역신문만이 할 수 있는 기획'이라는 말이었다. 매일매일 부산의 소식을 누구보다 빨리 정확하게 전하지만 사실 지역 언론의 신문, 기사를 챙겨 보는 사람은 많지 않다. 대부분 부산일보에 기사가 난 뒤 중앙일보, 조선일보 같은 전국 신문에 기사가 또 나면 부산일보에 기사가 게재됐을 때보다 몇 배는 더 기뻐한다. 누가 기사를 썼건, 어떤 내용이 담기는 것보다 중앙 언론을 우선시하기 때문이다. 산복빨래방은 그래서 더 애착이 가고, 더 마음이 간다. 우리만이 할 수 있는 콘텐츠라고 크게 말할 수 있기 때문이다.

산복빨래방은 갑자기 하늘에서 뚝 떨어진 기획보도가 아니라는 사실을 부산 교도소 재소자 사망 사건, 빨래방 이전에 진행한 산복도로 취재를 통해 다시 한 번 되새겨 본다. 부산이기에 겪을 수 있었던 다양한 취재의 경험이 쌓이며 문제의식과 경청의 힘을 배웠던 것 같다. 산복빨래방에서 만난 어머님, 아버님들이 '어떻게 이렇게 이야기를 잘 들어주냐, 총각들이 이렇게 싹싹하냐'라고 한다. 이야기를 잘 듣고 이야기를 잘 정리하는 게 기자의 일이다. 폐가를 개조해 빨래방이라는 시설을 운영하는 것도, 전기 요금을 내는 것도, 경영도 처음이었지만 매일매일 취재원이기도 한 빨래방 손님을 만나는 일은 어찌 보면 매일 하던 일, 기자들이 가장 잘하는 일이기도 했다.

이제는 "왜 서울에서 일하지 않고 부산에서 일하냐?"라는 질문에 충분히 답할 수 있다.

서울이었다면 빨래방을 할 수 있었을까? 서울에 있는 언론사였다면 지역의 구수한 이야기를 들을 명분이 있었을까? 산복빨래방은 왜 부산에서 일하냐는 질문에 대한 답이기도 하다.

지역에는 아직도 할 일이 많고 아마 내가 기자 생활이 끝날 때까지도 그 일을 다 못 할 것 같다. 지역에 사는 기자를 찾는 사람, 지역에 사는 기자가 가야 할 곳이 있는 한 오늘도 노트북을 열고 사투리 섞인 말투로 질문하고 답을 들을 것이다.

지역에도 꼼꼼히 취재하고 열심히 기사 쓰는 기자들이 많다.

오늘도 부산의 이야기, 지역의 이야기, 이웃의 이야기를 더 자세하고 더 꼼꼼히 취재하고 더 상세히 기록하려는 그들의 노력에 동료이자 지역 시민으로서 박수를 보낸다. 어쩌다 그들을 만난다면 '왜 부산에서 일하냐', '왜 지역에서 일하냐'라는 말 대신 좋은 이야기, 힘든 이야기 마음껏 제보하고 북돋아 줬으면 좋겠다. 지역 사람들의 진짜 이야기, 지역 사람들의 따뜻한 말 한마디로 지역 기자는 오늘도 취재하고 기사를 쓴다.

비판보다 어려운 실행

이상배

"또 기자처럼 말한다."

아내에게 종종 듣는 핀잔이다. 들을 때마다 '아차' 싶다가도, 직업병처럼 불쑥 나오는가 보다. 어떤 일이 있었다고 하면 "왜?"라는 질문부터 나오고, 그 이유를 들으면 "이런 부분에서 잘못된 것이 아니야?"라고 말하는 식이다. 일상 얘기를 나누고 싶었을 뿐인 아내는 갑자기 남편 직업이 뭔지 떠올려야 했을 것이다. 맹세코 일부러 한 건 아니지만, 마치 취재원 대하듯이 아내 말에 꼬투리를 잡을 때마다 미안한 마음이 든다.

기자는 비판을 좋아한다. 미담이나 좋은 사례에 대한 기사를 쓰기도 하지만, 정확한 팩트를 앞세운 날카로운 비판 기사를 더 좋은 '저널리즘'으로 본다.

이런 의미에서 산복빨래방은 도시재생이라는 국가사업에 대한 비판을 시작으로 탄생한 기획이기도 하다. 2010년 들어 국내 곳곳에서 사업이 진행됐고 부산의 취약 지역 중 하나인 산복도로도 그 대상에 들었다.

흰여울문화마을이나 감천문화마을을 성공 사례로 꼽기도 한다. 전국에서 명성을 얻었고, 관광객을 많이 끌어들인 것을 성공이라고 한다면 맞는 말일지도 모른다. 하지만 그곳에서 오랫동안 살아온 주민들의 삶을 포함한 의미라면 고개를 갸웃하게 된다. 대규모 시설 등은 분명 좋은 일이지만 들인 예산에 비해 주민의 삶은 얼마나 나아졌냐는 질문이 나오는 것이다.

그렇게 시작한 산복빨래방이었는데, 도시재생 전문가들 눈에 기자와 피디가 직접 상주하며 주민에게 무료로 빨래를 해준다는 기획이 도시재생의 대안으로 보였나 보다. 서울특별시 도시재생지원센터는 산복빨래방 사례가 전국 도시재생 시설의 변화에 중요한 함의를 가지고 있다며 '월간도시재생' 칼럼에 취재기를 요청했다. 학계에서도 반응이 적지 않았다. 이화여자대학교 커뮤니케이션학부 윤호영 교수, 펜실베니아 대학 김낙호 교수팀은 국제 학술지에 도시재생의 새로운 모델 사례로서 발표를 준비하고 있다.

이들의 평가는 '언론이 겸손하게 주민 속으로 들어가는 경험'이라는 지점이었다. 하지만 쏟아진 찬사와 달리 우리는 도시재생에 대해 느낀 게 많다. 도시재생에 대한 많은 기사를 접하고, 심지어 기획 기사를 써 봤음에도 그렇다. 비판보다 직접 해내기가 훨씬 어렵다는 걸 체감한 하루하루였다.

산복빨래방 기획과 준비에서 실제 운영까지, 1년간은 늘 해왔던 '비판하기'가 아니라 '직접 실행'해 보는 나날이었다. 지역 주민들을 빠르고 효율 있게 취재하는 것이 아니라 개개인의 삶 하나하나에 주목하기 위해 깊이 있는 인터뷰를 반복했다. 인터뷰를 단순히 정리해 싣는 것이 아니라, 내용을 재구성해 스토리텔링 방식으로 영상과 기사를 만드는 건 쉽지 않았다.

직접 나서서 빨래방을 운영하고, 지역민을 만나고, 이들의 이야기를 써 나가면서, 지역 언론의 본령에 대해서 다시금 스스로 되묻게 된다. 그리고 우리 지역에 더 깊이 파고들고, 그 안에 있는 '사람'을 톺아보는 것. 산복빨래방은 어쩌면 그것이 정답임을 깨닫는 뻔한 여정이었는지도 모른다.

기자와 기레기

김준용

기자라는 직업을 표현하는 말 중에 가장 많이 들어 본 말은 '기레기'다. 어느 누군가 '기레기야'라고 직접 부른 적은 없지만 어느덧 사회에서는 '기자는 기레기'라는 암묵적으로 합의된 별명이 생겨났다. '기레기'는 기자가 취재가 부족한 채 기사를 썼거나 특정 논조에 치우치는 기사를 썼을 때 기자와 쓰레기를 조합해 부르는 말이다. 특정 직군과 쓰레기가 합성된 별명은 매우 보기 힘들다. 그만큼 언론, 기자에 대한 인식이 좋지 않음을 의미하는 것일 테다.

산복빨래방을 하면서 사회가 바라는 기자의 의미를 되새기게 됐다. 실제로 지금을 살아가는 기자와의 간극 또한 발견

했다. 산복빨래방의 영상과 기사, 그리고 빨래방을 꾸려 나가는 우리들은 이따금 '참기자', '참언론인'이라는 과찬을 받기도 했다. '창의적이다', '지역 언론의 새로운 지평을 열었다' 같은 과분한 칭찬도 있었다. 지역신문 컨퍼런스에서는 '지역신문이 나아가야 할 길'로 산복빨래방을 꼽기도 했다. 한국기자협회보에서는 산복빨래방을 '지역신문의 존재 이유를 보여 줬다'라고 평가하기도 했다. 과찬 덕분인지 산복빨래방은 한국기자협회 한국기자상, 이달의 기자상, 기독언론대상 나눔기부상, 지역신문 컨퍼런스 대상, 일경언론상 대상, 한국신문상 등의 상을 받았다. 수상은 매번 감사했다. 그러나 매일 특종을 쓰는 것도 아니고 심층취재를 하는 것도 아닌데 후한 평가가 낯설기도 하다.

산복빨래방은 나에게 '기자'가 무엇인지 생각하게 하는 계기를 만들어 줬다. 세상은 산복빨래방의 비효율을 칭찬했다. 그냥 산복도로에 사는 어머님, 아버님을 섭외해서 인터뷰하면 될 방식을 두고 굳이 빨래방을 차린 '비효율'에 박수를 보냈다. 미리 주제를 정해 놓고 취재하는 게 아니라 이야기를 듣고 보도의 주제를 정하고 한 번도 언론에 나온 적 없는 보통 사람의 이야기에 귀 기울이는 모습을 따뜻하게 바라봐 주었다.

어머님들하고 얘기를 하다 보면 이런저런 온갖 주제와 사연이 흘러나온다. 이번 주에 찍은 이야기들을 연결하거나 확장시켜서 그 주에 독자와 만날 콘텐츠를 만들었다. 그 과정이 쉽지는 않았지만 먼저 주제를 정해 놓고 어머님, 아버님의 이야기를 억지로 끼워 맞추려고 하지 않았다.

빨래를 맡기러 오는 어머님, 아버님을 하루 종일 기다리는 나날도 많았다. 하지만 '날 것 그대로의 진짜 이야기를 모으기 위한 과정'으로 점차 받아들였다. 매주 콘텐츠를 만들어야 하는 입장에서 꽤 힘들었지만 그 시대의 가족을, 부산을, 대한민국을 짊어졌던 주인공을 만나 들은 이야기는 눈부시게 빛났다.

쉽게 취재하고 쉽게 글 쓰는 문화 속에 내 직업은 '기레기'라는 최악의 별명을 받아들였다. 하지만 산복빨래방 영상과 기사에 기레기라는 평가는 없었다. 비효율이 만든 진정성은 산복빨래방 이후를 살아갈 나에게도, 상배 기자, 재화 피디, 보경 피디가 세상을 담는 언론인으로 살아가는 데도 큰 동력이자 에너지가 될 것 같다.

영상으로 만나는 산복빨래방

빨래방 마지막 이야기

산복빨래방
열어요
오전 10시
닫아요
오후 6시
쉬어요
주말 / 공휴일

에필로그

정작 우리 집 빨래는 못했지만

이상배

산복빨래방 문을 닫고, 기사의 연재를 마친 지도 어느덧 반년이 지났다. 지난해 빨래방을 운영하는 동안 하루 내내 함께했던 빨래방 직원들은 각자 다른 삶을 보내고 있다. 빨래방 사장이던 김준용 선배는 사회부로 발령돼 교육청을 출입한다. "스트레이트 기사 쓰는 법을 다 까먹었다"라며 투덜대던 모습은 온데간데없고, 지역 교육계의 현안을 깊이 있게 다루거나 교육기관에 따끔한 지적을 하는 등 여러모로 활약 중이다. 빨래방에 오신 어머님과 아버님에게는 한없이 친절한 '빨래방 사장'이었지만, '기자'로 돌아간 선배의 글에서 느껴지는 기세는 이전과 사뭇 달라 놀랄 때가 많다.

이재화 피디는 아쉽게도 부산일보 둥지를 떠났다. 다행히 좋은 이유다. 재화 피디는 자신의 역량을 높게 본 다른 지역 방송사 이직에 성공했다. 유능한 피디와 같이 일한 동료 입장에서는 아쉬웠지만 여전히 같은 언론계에 있다고 생각하면 위안이 된다. 무엇보다 재화 피디는 여전히 산복도로를 자주 찾아온다. 우리 중 누구보다 많이!

김보경 피디는 이제 산복도로에서 내려와 부산일보 사무실에서 일한다. 빨래방 건물 2층 단칸방에서 영상 편집하느라 고군분투하던 보경 피디. 여러모로 제약이 많았던 환경이지만 이제는 쾌적한 사무실에서 부산일보 유튜브에 올라가는 수많은 영상을 기획하고 편집한다. 하지만 때때로 컴퓨터 뒤 창문을 열면 보이던 산복도로 전경이 그립다고 한다.

나도 여전히 부산일보에서 일하고 있다. 부서도 보경 피디와 마찬가지로 작년과 같은 디지털미디어부다. 하지만 빨래방을 운영하던 지난해와는 사뭇 다른 하루하루를 보내고 있다. 소속 부서와 회사, 그리고 나라는 사람은 전혀 바뀌지 않았지만 해를 넘기면서 새로운 일을 하게 됐다.

누군가는 산복빨래방을 계속 했으면 좋겠다고 말한다. 또 다른 사람은 꼭 빨래방 형태가 아니더라도 지역에 밀착한 시설을 꾸리고 주민 이야기를 받는 연재를 이어 가라고 조언했다. 솔직히 말하면 산복빨래방을 기획하고 연재할 때부터 그건 어려울 것이라 내다봤다. 아쉽게도 예측은 맞아 떨어졌다.

왜 그럴까. 가장 큰 이유는 전통 매체인 신문사에서 '디지털' 부서는 어떤 업무를 해야 하는가에 대한 합의가 이뤄지지 않았기 때문이다. 주요 부서인 정치·경제·사회부는 취재해야 할 영역과 독자에게 내보여야 할 메시지가 분명하다. 하지만 디지털부는 코에 걸면 코걸이, 귀에 걸면 귀걸이다. 매년 데스크는 바뀌고 '신문사의 디지털 부서는 이런 콘텐츠를 내야 한다'는 생각도 함께 뒤집힌다.

빨래방을 두고 쏟아진 여러 평가 중에 '지역 언론이 나아가야 할 길'이란 문장이 가장 기억에 남는다. 과분한 칭찬 같아 머쓱하다가도 노력을 인정받은 것 같아 감사하다. 하지만 냉정하게 보면 우리는 회삿돈 수천만 원을 가져다 쓰고도 엄청난 조회 수를 기록하지 못했다. 콘텐츠가 회사의 수익으로 이어지지 못했음은 물론이다. 누군가에게 산복빨래방은 혁신이지만 다른 시선에서는 비효율 그 자체다.

나는 지역 신문사인 부산일보에 입사해 3년간 경찰 기자로 일했다. 내 모든 눈과 귀, 입과 손은 사건 사고에 맞춰져 있었다. 다른 기자보다 한 발 빠르게 '단독'을 쓰는 게 미덕이었고, 물을 먹지 않기 위해 밤낮으로 뛰어다녔다. 그러다 처음 다른 부서로 발령 난 곳이 바로 디지털미디어부다. 운 좋게 유능한 선배와 팀원들을 만나서 산복빨래방을 함께 할 수 있었다.

산복빨래방은 내가 지역을 바라보는 시선을 완전히 바꿨다. 속도 경쟁과 비판에 맞춰져 있던 초점이 달라진 것이다. 빠르고 날카로운 펜대가 필요 없다는 뜻은 당연히 아니다. 좋은 콘텐츠에 대한 시야가 더 넓어졌다는 이야기다.

그러면서 내린 나만의 결론이 있다. 지역 언론이 가장 빛날 때는 지역에 한없이 다가가는 순간이라는 점이다. 빨래방이라는 특이한 시설, 아름다운 영상미도 독자의 눈길을 끌게 했다고 생각한다. 하지만 지역 주민의 이야기를 깊게 퍼 올려 영상과 기사로 담아냈다는 점. 지역 언론이 가장 잘하는, 지역 언론만이 할 수 있는 일을 해냈기에 뜨거운 박수를 받았다고 확신한다.

돈 수천만 원을 들이지 않아도 좋다. 꼭 시설이 아니어도 된다. 지역 주민에게 진정 다가갈 수 있다면 어떤 수단이든 가능하다. 재미난 구성과 독특한 기획으로 독자의 눈길을 끌 수만 있다면!

당장 수익으로 이어지지 않을지라도 끊임없이 지역에 다가가고 이야기를 캐내고, 콘텐츠로 기워 내면 지역 언론에도 반드시 길은 있을 것이다. 나 역시 지역에서 그런 기자가 될 수 있도록 다짐해 본다.

산복빨래방은 우리가 떠난 뒤에도 운영 중이다. 아니, 더 잘되고 있다. 수도관이 워낙 낡은 탓에 겨울철 동파로 잠시 쉬었지만 2023년 초부터 다시 문을 열었다. 주민협의회, 의용소방대 등 여러 주민 단체가 팔을 걷고 나섰다. 주민들이 직접 운영하는 빨래방에서는 거동이 불편한 분들을 위해 배달까지 하고 있다. 우리가 빨래방에 있을 때는 여러 사정상 배달을 못한 게 마음에 걸렸는데, 든든하고 감사하다. '우리가 떠난 뒤 제대로 운영이 될까'라는 우려는 말 그대로 기우에 불과했다. 산복도로 주민을 위해 세탁비는 앞으로도 무료다. 여전히 공짜로 빨래를 할 수 있어도, 심지어 배달까지 되는데도 주민들은 이따금씩 우리를 그리워해 준다. 우리와 함께 이야기를 나누었던 지난해가 좋았다고 말이다. 이런 말을 들을 때면 '어머님, 아버님이 산복빨래방을 찾아 주셨던 건, 빨래 한 보자기보다도 우리와 함께했던 순간이 소중해서였구나'라고 새삼 느낀다. 산복빨래방의 세탁기는 오늘도 돌아간다. 호천마을은 1년 전 산복빨래방이 문을 열었던 그날처럼 골목마다 들꽃이 피어나고 있다.

마지막으로 고마운 사람들에게 감사를 전하고 싶다. 특히 준용 선배에게 같은 업을 하는 선배로서 많은 걸 배웠다. 팀장을 맡은 준용 선배가 빨래방 안팎에서 보이지 않는 곳까지 노력하지 않았다면 유종의 미를 거두기 어려웠을 것이다. 더불어 산복빨래방에서 함께 동거동락하며 콘텐츠를 빛나게 한 이재화, 김보경 피디에게도 감사의 마음을 전하고 싶다. 산복빨래방 유튜브에 가면 두 피디가 만든 영상을 언제든 볼 수 있으니 많이 시청해 주시길 바란다. 그리고 실험적인 콘텐츠였음에도 회삿돈 수천만 원을 기꺼이 내어주고 후배들의 도전을 전적으로 응원해 준 데스크 선배들께도 고개 숙여 감사를 표한다.

지난해 산복빨래방을 하면서 과분할 정도로 많은 상을 받았지만, 준용 선배에게도 나에게도 인생에 다시 없을 좋은 일이 있었다. 준용 선배는 사랑스런 아이가 태어났고, 나는 아내 현진이와 만나 평생 함께 하겠다는 부부의 식을 올렸다. 빨래방에서 하루 종일 빨래하느라 정작 우리 집 빨래를 못해도, 영상거리를 고민하느라 신경이 다른 데 팔려 있어도 아내가 싫은 내색 하나 없이 내 옆을 지켜 주어 큰 힘이 됐다. 내 이야기를 쓸 수 없는 신문 대신 책의 지면을 빌려, 아내에게 사랑한다는 말을 전한다.

1960년대 중반 수정동 판자촌 ©부경근대사료연구소 김한근 소장

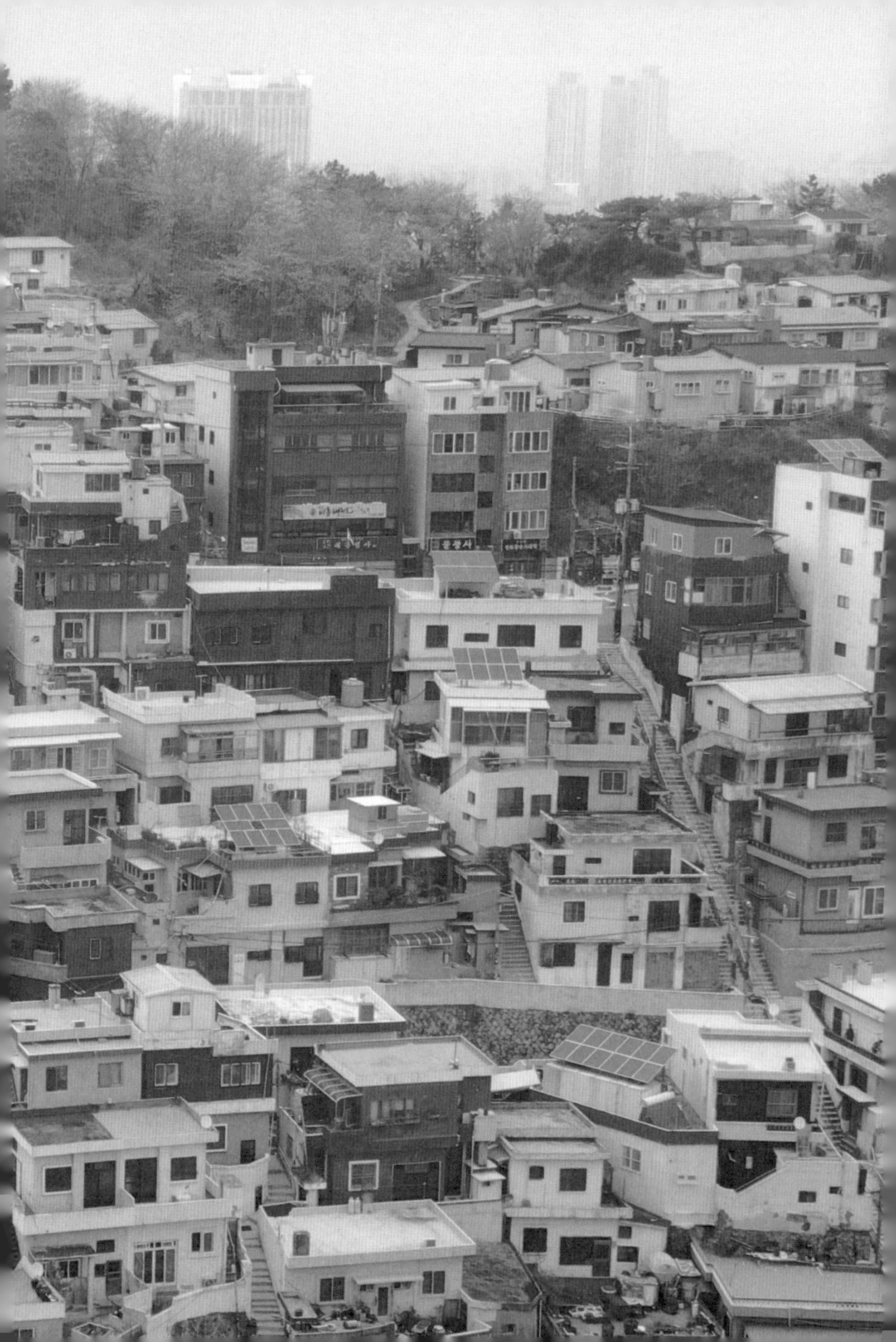

오늘은 내가 유리창 닦기 마스터!

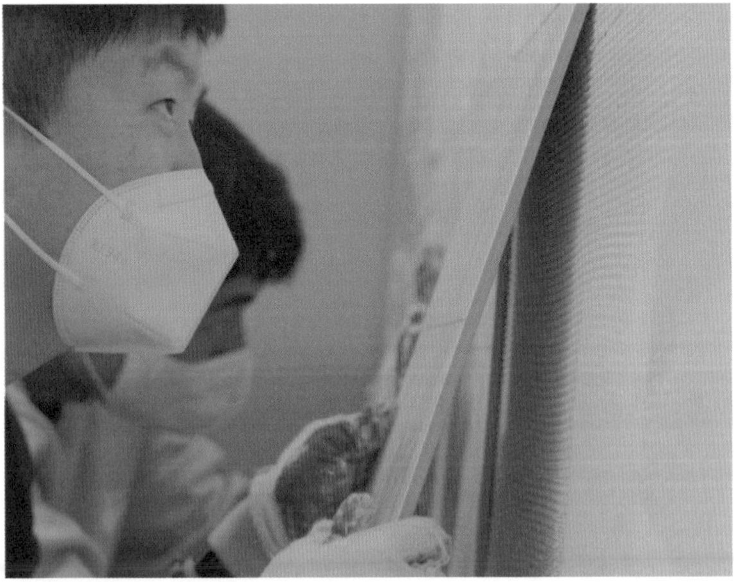

준용 선배, 타일 거꾸로 들었는데요?

후하후하, 긴장의 빨래방 개업 D-1

#산복빨래방 #사랑해 주셔서 감사합니다

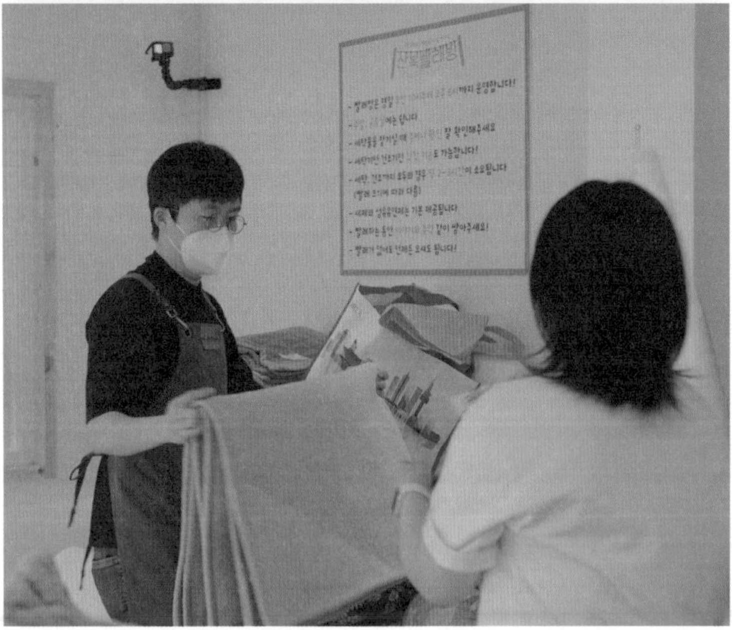

오늘도 뽀송하고 완벽한 빨래를 위하여!

홍보 대사 산복이는 오늘도 열일 중

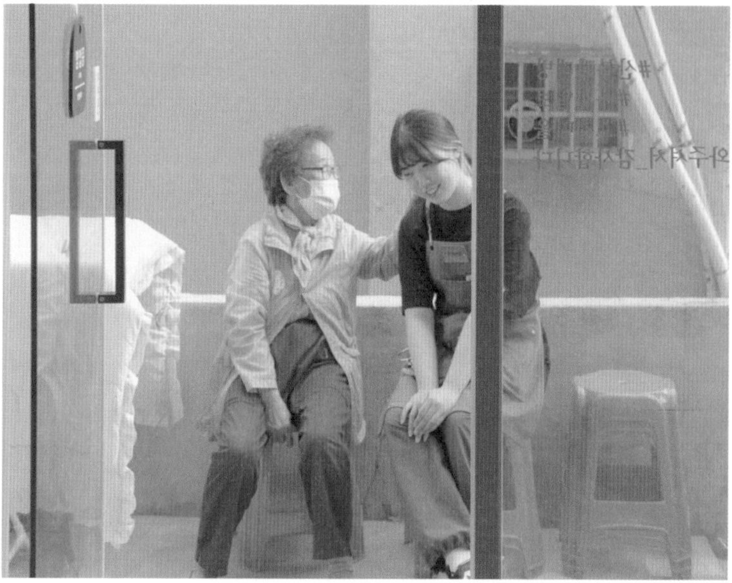

산복빨래방 어머님 테라피 개장

어머님들~ 여기 보세요~ 촬칵!

함께 웃고 울고 고생 많았던 빨래방 팀, 참 애썼다!

KZM
TERRA

도서출판 남해의봄날
로컬북스 28

이웃한 지역이라도 자세히 들어다보면 서로 다른 자연과 문화, 아름다움을 품고 있습니다. 독특한 개성을 간직한 크고 작은 도시의 매력, 그리고 지역에 애정을 갖고 뿌리내려 살아가는 사람들의 이야기를 남해의봄날이 하나씩 찾아내어 함께 나누겠습니다.

세탁비는 이야기로 받습니다, 산복빨래방

초판 1쇄 펴낸날 2023년 6월 19일
초판 8쇄 펴낸날 2024년 12월 1일

글 김준용, 이상배

편집인 천혜란책임편집, 박소희

마케팅 조윤나, 조용완
사진 김보경, 이재화
표지 그림 리모
디자인 studio fttg
인쇄 미래상상

펴낸이 정은영편집인
펴낸곳 (주)남해의봄날, 경상남도 통영시 봉수로 64-5
전화 055-646-0512
팩스 055-646-0513
이메일 books@namhaebomnal.com
페이스북 /namhaebomnal
인스타그램 @namhaebomnal
블로그 blog.naver.com/namhaebomnal
ISBN 979-11-93027-06-6 03300